명당은
마음속에 있다

만화 최창조의 풍수 강의

명당은
마음속에 있다1

1판 1쇄 펴냄 2015년 3월 10일
1판 2쇄 펴냄 2018년 9월 7일

원저 최창조 | 만화 김진태
펴낸이 박상희 | 편집장 전지선 | 펴낸곳 **고릴라박스** | 출판등록 2010.7.16. (제2010-000208호)
주소 06027 서울시 강남구 도산대로1길 62 강남출판문화센터 4층 | 홈페이지 www.bir.co.kr
전화 영업(통신판매) 02)515-2000 편집 02)3443-4318,9 팩스 02)515-2007

© 최창조, 김진태, 2015, Printed in Seoul, Korea

ISBN 978-89-6548-239-0 04380 | ISBN 978-89-6548-238-3(세트)

이 도서의 국립중앙도서관 출판시도서목록(CIP)은 서지정보유통지원시스템 홈페이지(http://seoji.nl.go.kr)와
국가자료공동목록시스템(http://nl.go.kr/kolisnet)에서 이용하실 수 있습니다. (CIP제어번호 : CIP2015006342)

최창조의 풍수 강의

명당은
마음속에 있다

원저 최창조 · 만화 김진태

풍수의 가치를 인식하는 계기가 되길 바란다

만화에 관한 인식은 풍수와 많이 닮았다. 풍수나 만화나 어른들은 내놓고 말은 하지 않지만, 속내는 그렇지 않다는 점에서 그렇다. '만화' 하면 가장 먼저 떠오르는 인상은 애들 몫이란 것인데, 이것은 이원복 교수의 『먼나라 이웃나라』라는 만화가 결코 애들 대상이 아니라는 예만 보아도 사실이 아니다. 역사학 쪽은 물론이고 과학, 예컨대 천문학, 물리학, 전기(傳記), 지리학 등 만화가 들어가지 않은 분야는 없는 것 같다.

필자의 기억 속에 남아 있는 만화 중 첫 번째이면서 지금도 고향을 떠올리게 하는 작품이 있다. 원로 만화가 김성환 선생의 『꺼꾸리 군 장다리 군』이 그것인데, 방학을 맞아 고향을 찾은 두 꼬맹이들의 에피소드는 향수(鄕愁)에 젖게 만드는 느낌이었고 지금도 그 기억은 지워지지 않고 있다. 그러니까 실용성과 재미에다가 정서적(情緖的)인 감동까지 담아낼 수 있는 매체가 만화라는 뜻이다.

이번에 풍수를 만화로 내면서 필자의 뜻이 제대로 전달될 것인지의 여부는 독자들 몫이지만, 개인적인 희구(希求)가 바로 그렇다. 만화의 특성상 과장되고 흥미를 끄는 억지스러움이 없지는 않을 것이다. 풍수를 단순히 미신(迷信)으로 치부하는 사람들에게는 교양서로서, 풍수가 어려운 술법이라고 여기는 사람들에게는 그것이 상식을 넘어서지 않으며 우리 풍토에 좋은 지혜로서 가치가 있다는 점이 인식되는 계기가 되었으면 한다.

최창조

풍수를 누구나 쉽게 접근할 수 있도록 시도했다

배산임수, 로또 명당, 대박 가게 터, 남향집. 누구나 한 번쯤은 들어 봤음직한 말인 것처럼 쉽게 보고 듣는 게 풍수인데, 구체적인 내용에 접근하거나 이해하려는 생각을 가진 사람들은 많지 않다. 다가가기에는 미신 같은 느낌이 들어 꺼림칙한 면도 있는 게 현실이다. 풍수의 일부 술법적인 면만 보려 해서 벌어진 일이다.

중세 이후 한국의 역사는 풍수적 세계관을 떼어 놓고 생각할 수 없다. 옛날 사람들의 역사, 철학, 과학, 역학, 생활에는 풍수적 사고와 문화가 녹아 있다. 사실 풍수의 역사와 관련된 에피소드를 살펴보는 것만으로도 땅에 대한 옛사람들의 생각과 그들이 추구했던 가치에 대해 재미있는 사실들을 알게 되지만, 풍수의 모든 것을 그대로 오늘날에 적용하기엔 무리가 있다. 그 시대의 생각과 지금의 생각은 문명의 전개만큼이나 크게 변했기 때문이다. 그리고 옛날엔 없던 것이 생기지도 않았는가.

이 책은 풍수에 관한 정보를 만화라는 형식을 통해 가볍고 재미있게 풀어내서 풍수를 잘 모르는 일반인들도 풍수 이론에 쉽게 접근할 수 있도록 시도했다. 전문가의 조언과 학문적으로 연구하는 학자들의 자료를 토대로 현대인의 상식에서 이해할 수 있는 이론을 소개하고 그들의 견해를 담아냈다. 누구나 쉽고 부담 없이 읽을 수 있는 풍수 책이 되길 바란다.

김진태

차
례

태초에 사람이 있었다.

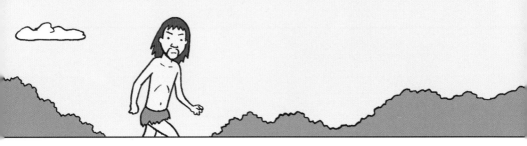

계속 이동하기보다
자신이 머물 장소를 찾았다.

이 자리는 아님.

여기도 마음에
들지 않음.

앞이 좀
트였으면
좋겠는데….

뒤에는 기댈 곳이
있어야 좋겠어.

반쯤 닫힌 공간이면
피난처로 좋겠지?

주변에는 물이 있어야 좋을 거야.

누가 가르쳐 주지 않아도 선택하게 되는 자리는 나쁘지 않아 보인다.

아이들은 자기들만의 공간에

숨어 들어가는 것을 좋아한다.

물론 완벽하게 차단되면 곤란하다. 안에서 밖을 볼 수 있어야 한다.

나비야.

고양이도

선호하는 장소가 있는 듯하다.

9

박스가 아니라 여기! 캣 타워~!

난 여기가 더 편하다냥~.

이제부터 소개하는 내용들은 풍수風水에서 말하는 명당明堂에 관한 이야기다.

땅의 형세形勢나 방위方位를 인간의 길흉화복과 관련지어 설명하는 학설을 풍수지리風水地理라 한다.

풍수란 장풍득수藏風得水, 곧 '바람을 피하고 물을 얻는다.'는 말로

자연 속에 사는 인간이 보다 안락하고 편리한 생활을 하고자 하는 욕망과 지혜가 혼합되어 이룬 학문이다.

풍수라면 역시 무덤 아닌가?

그리고 풍수라고 하면 대부분의 사람들이 묏자리 잡기를 떠올리지만

음택陰宅이 다는 아니지.

터를 잡는 양택陽宅 풍수,

부족하면 고쳐 써.

땅을 고쳐 쓰는 비보裨補 풍수처럼 조금은 생소한 풍수 이론도 있다.

최창조 선생은 풍수를
'지혜와 술수의 경계'라고
말한다.

풍수는 오랜 세월
땅과 함께 살아온
사람들이 경험으로
알게 된 지식의
산물이기도 하며

동양 철학을
바탕으로 해서
과학적으로 설명하기
어려운 부분도 있기
때문이다.

직관에 의지하고 주관적인 면이
강한 이유로 오늘날 많은 이들에게
미신으로 치부되기도 하지만

인간과 자연환경과의
관계를 설명하고자 했던
조상의 고민과 지혜가
고스란히 남아 있기도
하다.

풍수는 여전히
우리 생활 속의
일부로 남아 있다.

인간과 자연의 조화를 지키며

그 속에서 스위트 홈을 만들어 가는 것,
이것이 풍수지리의 최종 목적인 것이다.

풍수는 땅의 기를 살펴
땅의 성격을 읽어 내고,
땅과 인간이 어떻게 올바른 관계를
유지할 수 있는가를 살피는 것이다.

1화 사라진 무덤

내가 어렸을 적,
아버지는 풍수에
집착하셨다.

명당을 찾겠다며
온 나라의 산을 찾아다니셨다.

어디에
있나~.

그래서
집안 형편은
늘 어려웠고

쌀이 다
떨어졌네….

한일 월드컵이
열렸던 해에

동티모르도
통일했어!

우리도 통일을
대비해서 통일
한국의 수도가 될
터를 찾아야 해!

……

14

…라며
집을 나가셨다.

여, 여보….

아빠~!

아주 나가신 건
아니었고…

반년 만에
거지꼴로
돌아오셨다.

헉헉….

여보,
춥고
배고파.

명당을 찾긴
찾았는데….

비무장 지대에
있어서 접근할 수
없었소.

다른 곳을 더
찾아봐야겠소.

그 뒤로도 종종 집을 나가셨다.

백두대간 종주다!

여보~!

불쌍한 엄마는…

탁 탁 탁

혼자 작은 식당을 하며 생계를 꾸리셨다.

…

엄마, 우리 집에서 음식 장사를 한다고?

어쩌겠니.

입에 풀칠은 해야지….

엄마의 식당은 맛집으로 소문이 나서 꽤나 잘됐다.

발레파킹해 드려요!

SBC 맛집
MBS 그집

봉 짬 뽕

맛으로 승부합니

TV에 나온 집

봉짬뽕

그게 다

내가 명당에 집을 지었기 때문이지.

당연히 엄마의 음식 솜씨가 좋았기 때문이다.

명당은 무슨…

그런 의미에서 용돈 좀 주겠소? 파주 쪽에 좀 다녀오리다.

여기 있어요.

그만 좀 하세요!

아버지처럼 되지 않기 위해 나는 필사적으로 공부했다.

득수야!

내 이름은 장득수. 드디어 대기업 회사원이 됐다.

이사님,
잘 결정하신 겁니다.

김선생이 명당이라
추천한 자린데,
파묘破墓라니….

물론 이 자리도
좋긴 하지만,
이장하려는 자리는
정말 천하의
명당입니다.

'왕이 나오는 자리'라고
불러도 손색없는
명당 중의
명당입니다.

요즘 세상에
왕은 무슨….

잠깐….
호, 혹시
대표 이사?

대표 이사가 회사에서 왕 아닌가?

왕…!

게다가 자손들에게까지 좋은 운이 따르게 될 것이고요.

껄껄껄!

헛, 아차차. 파묘하는 자리에서 웃을 일은 아니지.

아무튼, 김선생 말만 믿고 옮기긴 하겠는데….

잘되면 섭섭지 않게 해 드리리다.

복 받으실 겁니다.

다 되었소?

저, 그게….

아니!
이게 어떻게
된 거지?

헉!

이 안에
있어야 할 관이
어디로 간 거야?

아이고,
아버지~!

어떤 놈이
아버지 관을
훔쳐갔나 봐~!

혹시 대원군의
아버지인
남연군의 묘가
도굴됐던 것처럼

아버지 묘도
도굴범들의
손에…?

그,
그럴 리가요.

아버지~!
불효자를
죽여 주세요.

……

그런 일이 있어서….

이사님이 저기압인가 봐.

…….

어이구~ 이걸 확!

요즘 세상에 풍수가 뭐 대단하다고….

그, 그럼요.

안 그래, 득수 씨?

도시혈인가?

이사님, 오늘따라 신수가 훤해 보이십니다.

명당으로 이장하시더니 좋은 일이 있으신가 봐요~.

어이구~ 이걸 확!

…그랬거든.

내가 뭘 잘못했다고

그렇게 화를 내신 걸까?

쯧쯧….

아직 못 들으셨군요. 파묘했을 때 관이 없었대요.

불난 집에 부채질하신 거예요.

뭐?
관이 없어져?!

어떻게
그런 일이
다 있어?

황당하긴
하죠….

워낙 세상이
뒤숭숭하니
돈을 노린 도굴꾼의
짓일 수도….

어휴,
그런 줄도
모르고
내가 실언을
했네….

제 생각에는
그거 도시….

아, 아니야!

풍수와는
담을 쌓고
살기로 한 이상
나서면 안 돼.

먼쯧!

득수 씨, 뭐라고?

아, 아닙니다.

통화하는 거였어요.

휴! 그래, 회사 생활이나 열심히 하자.

휘이익~

어멋!

아유, 이게 무슨 일이래~?

촤아~

하하하하!

으하하하!

허억!

풍수란

'장풍득수'의 준말이지.

'바람을 감춘다.'는 장풍藏風!

'물을 얻는다.'는 득수得水!

물 좀 마시겠소!

뉘신지?

워떤 놈이 날도 덥지 않은데 선풍기를 틀어 놓은겨?

실례지만 어떤 일로 오셨나요?

혹시, 부장님이십니까?

저는 득수 애비 되는 사람입니다.

그러니까, 일종의 학부모 방문 같은 거라고나 할까요?

득수 씨, 설마 파파보이예요?

더헉!

여긴 왜 오셨어요? 나가서 얘기해요!

너희 회사가 풍수적으로 좋은 자리에 있는지…

봐 주려고 온 거 아니냐!

우두둑

그런 거 안 해 주셔도 돼요…!

아, 아니 이 녀석이 애비를….

아버님이랑 친구처럼 가깝게 지내나 봐.

그게 아니고! 지금 애비 손가락을 꺾는 거잖아요!

아! 아~!

허억! 심장이…!

헛!

아, 아버지. 괜찮으세요?

속았지롱!

어쩔 테냐?
더 해볼 테냐?

하, 항복!
항복할게요!

하하,
보기 좋네요.

득수 씨,
생각보다
힘이 약하네.

이거 봐야
불효자 소리
들을 테고,

지면 젊은데
힘도 못 쓴다고
할 테고….

그러니까 왜
회사까지 오셔서
망신을 주세요!

28

우리 애가 잠시 방황하는 중이라 이 회사에 취직하긴 했는데….

있는 동안만이라도 잘 부탁합니다.

회사가 방황할 때 다니는 곳인가?

이상한 분 같아요.

너도 알지? 너는 명당을 느끼는 감이 뛰어나!

이 사무실에서 가장 좋은 자리에 네 책상이 있다니,

역시 내 아들이다.

……

득수 씨….

풍수를 잘 알아?

풍수는…

미신이지?

네.

뭐야,
허무하게.

그래도 명당이니
뭐니 해서
관심들 많잖아.

득수 씨
아버님이
그쪽 일
하시나 봐요.

뭐, 아버지가
농부라고

자식도
농부 하란 법은
없잖아요.

왜 발끈하고 그래?

그러게. 누가 뭐라고 했나?

아, 아무튼 저는

풍수에 대해 잘 몰라요.

그런데 이사님 사건은 이상하죠?

어떻게 된 일일까요?

누가 훔쳐갔겠지~.

묘가 도굴당하는 일이 의외로 많대.

관을 찾으려면 돈을 내놓으라며

재벌가들을 상대로 그런 몹쓸 짓을 한다더군.

그런데 이사님 경우는

그런 건 아니겠지~.

와장창

！

！

！

깜짝이야!

뭐죠?

아니!

소, 손님!
괜찮으세요?

끙…

아버지! 불효자를
용서해 주세요!

저 같은
불효자는
천벌을 받아
마땅합니다!

이사님…!

에잉, 진상이
따로 없네~.

시민호프

시민호프

다들 소문은 들어서 알고 있겠지?

이사님, 근데 괴로워서 마시기엔 맥주는 좀 약하지 않나요?

이 사람아! 쉿~!

선친께서 맥주를 좋아하셨어.

이제는 술 한 잔도 따라 드리지 못하게 됐네….

이사님!

제가 한번 그 묏자리를 보고 싶습니다.

아, 괜히
말 꺼냈나?

꿀꺽

불난 집에
부채질하지 말고
다들 가 주게.

홀로 괴로움을
씹고 싶으니….

그리고…

여기
땅콩 좀
더 주게.

저… 이사님,
저 친구가
풍수에 대해
좀 아는 거
같습니다.

풍수를?
저 애송이가?

자네 그럼,
간룡법 看龍法은
아는가?

산맥의 모습을 보고 명당을 찾는 술법이죠.

아니! 어린 친구가 대단하군!

그건 저도 책에서 봐서 조금 알고 있습니다.

문제는 산맥을 봐도 그게 좋은 건지 나쁜 건지 모른다는 거죠.

그리고 등산에 취미가 없어서….

그럼 장풍법藏風法도 아는가?

바람의 흐름을 살펴 바람을 잡아두는 곳을 정하는 술법이죠.

아니! 이럴 수가!

자네, 풍수에 해박하군!

아. 아닙니다. 그 정도는

웬만한 풍수 책 목차만 봐도 나오는 겁니다.

그건 그래….

그래도 역시
풍수 하시는
아버지 덕분에
많이 아는 거
같네요.

솔직히
잘은 모르고요,

그냥 어릴 때
비슷한 일을
들은 적이 있어서
묏자리를 한번
보고 싶은 거예요.

흠, 알았네.

이번 토요일에
한번 봐 주게나.

여기네.

묘는 일단
덮어 두긴 했네.

네….

묏자리는
좋은 거
같긴 한데….

그런가?

나도 풍수는
잘 모르지만

햇볕도 잘 들고
전망도 탁 트인 게
좋아 보여.

그렇긴
한데….

흐음….

무덤은
안 보고
왜 주변을
보는 건가?

이사님,
좀 파 봐야 할 것
같습니다.

뭐?
또 파?

아이고,
아버지~.

어떻게 되신
겁니까….

역시
없군요….

다 판 거 같은데
어떻게 할까요?

이제 저 아래쪽을
파 주세요.

왜 저곳을
파라는 건가?

저기를 파면
아버지 관이
나오기라도
한단 말인가?

어쩌면 그럴 수도
있을 거 같아서요.

그럼 관이
움직이기라도
했단 말이야?

땅이라는 건

쾅
쾅

겉만 봐서는
모르거든요.

뭐?

명당처럼 보여도
명당이 아닌 곳이
있어요.

절대 묘를 써서는
안 되는 곳 중의
하나가

도시혈(盜屍穴)이라는
자리입니다.

위잉 윙

도시혈?

그게 무슨 뜻인가?

말 그대로 '시신이 사라지는 곳'이죠.

시신이 없어지거나 도둑맞는다는 뜻 같은데….

예, 있어야 할 시신이 그 자리에 있지 않고 이동했다는 뜻입니다.

어떻게 그런 일이 가능하지?

이렇게 표면이 단단해 보이는 땅이라도

지표면 아래쪽의 땅은 연할 수도 있거든요.

이렇게 경사진 곳이면 연약한 흙이 아래쪽으로 흘러내릴 수도 있고요.

그래서 처음 이곳을 둘러봤을 때 경사가 있는데다

저렇게 주변의 나무들이 위로 기울어져 있어서 지표면 아래층의 흙이 경사면을 따라 이동했을 거라고 의심했어요.

이런 '사면 이동'을 서양에서는 매스 웨이스팅(Mass-Wasting) 현상이라고 하는데,
그중에서도 소일 크립(Soil Creep-토양이 조금씩 이동하는 현상)에 해당된다.

← 사람, 짐승, 비에 의해 다져진 단단한 지표

← 연한 토양층

← 기반암 바윗덩어리

아니, 그럼 우리 아버지 시신이 어느 정도나 흘러간 건가?

전하는 말에 따르면 많이 이동한 경우는 산 하나를 넘어가기도 한다고….

뭐시라! 그렇게나 많이?!

이사님, 진정하세요.

설마 그렇게 멀리까지 가진 않았겠지요~.

그럴 거야…. 우리 아버지는 많이 움직이는 걸 싫어하셨어.

찾았습니다!

이사님! 찾았답니다!

!!

아버지!

이 불효막심한 놈을 용서해 주세요~!

꼭 양지바른 곳에 자리를 잡아 드리겠습니다!

정말
다행이네요.

어렵지 않게
찾을 수
있어서….

자네,
이름이 뭔가?

저희 팀의
장득수라는
사원입니다.

득수….

고맙네,
고마워.

별말씀을요.

자네도
고맙네.

프리
허그~.

혁!

아아…!
입사 이후 처음이야!
이렇게 친절하게
대해 주시다니….

당분간
명퇴는
면하겠어!

그렇게 해서
시신 증발 사건은
해결됐는데….

김선생! 할 말이 있기나 합니까?

그, 그게….

사실은 저도 꺼림칙해서 이장을 권유해 드린 거 아닙니까?

도시혈 이라잖아요, 도시혈!

천하의 명당으로 옮겨 드리는 걸로 이해해 주시면 안 되겠습니까?

천하의 명당….

으음, 그간의 관계를 봐서 이번엔 넘어가리다.

빨리 이장이나 합시다.

예, 예.

이장을 마치고…

어떠신가요?

뒤에 주산主山이 있고 좌청룡左靑龍 우백호右白虎가 자리 잡고 있죠?

전망도 탁 트여서 대대손손 발복發福하실 겁니다.

잘 모르겠지만 전망은 좋군요.

벌써부터 좋은 기운이 느껴지시죠?

그런 것 같소.

이제 대표 이사가 눈앞에….

어이쿠! 이게 뭐야?

으악! 이게 뭔 일이래?

아버지, 어디 가세요?

갑자기 땅이 꺼진다는 싱크홀이란 거 아니야?

TV에서 본 것 같아.

조선 시대 고을의 수령은 수많은 송사로 바쁘게 하루를 보냈는데

전답, 노비, 산소와 관련된 소송이 주를 이루었고

그중에 가장 해결하기 골치 아픈 일이 산송山訟,

즉 묏자리와 관련된 것이었다.

당시 산송과 관련된 상소문들이 지금도 남아 있는데, 그림까지 그려 가며 자세히 설명해 놓았다.

이 자리가 원래 김씨 문중의 묏자리고

여기가 나중에 매장한 박씨네 무덤입니다~.

또 묏자리 싸움이냐? 으이구, 골치야.

묏자리 다툼은 집안 간의 갈등으로 사생결단의 싸움까지 벌어졌다는데 언제부터, 왜 이런 일이 벌어진 것일까?

16세기 후반을 전후로
등장한 산송은

18세기에 이르러 사회적 문제가
될 정도로 빈번하게 발생했다.

소송

소송

소송

소송

조선 중기에
유교적 이념인
성리학의 시대가
됐거든.

조상을
잘 모시는 게
후손의 도리!

우리 선친 묏자리는
이~만큼으로
해야겠군.

좌청룡, 우백호.
좋아, 좋아~.

조상의 공덕이
후손에게도
미치겠구나~.

조선의 법전인
『경국대전』에는
지위 고하에 따라
지켜야 할
무덤의 범위가
정해져 있었다.

經
國
大
典

그러나 묘를 쓰다 보면
다른 묏자리 구역과
겹치는 경우도 있었고

우리 조상님 묏자리
구역에 들어왔잖아!
당장 옮겨!

이미 매장한 것을
어찌 파내란
말이오!

길지(吉地)에 다른 묘가 있을 경우 그 자리에 몰래 매장하는 투장(偸葬)까지 횡행했다.

아니! 이런 명당이…!

근데 이미 다른 사람 묘가 있는데요?

이놈아! 몰래 매장하면 되지!

더블샷이라고 하죠.

투샷이라고 해.

이렇게 묏자리 명당 열풍이 일던 시기인 18세기 초, 조선 사회를 들썩인 사건이 발생했다.

경상도 성주에 사는 가난한 양반 박수하는 선산에 다른 묘가 투장되어 있는 것을 발견했는데,

아니! 못 보던 봉분이!

투장을 한 이는 이웃 고을의 수령인 박경여라는 인물이었다.

에헴!

분노한 박수하는 곧바로 관아에 소송을 제기했다.

이러하게 되었으니 시정을 요구하는 소송입니다.

…….

으음, 그것 참…. 박경여는 이웃 고을 수령인데다.

유력자들과 친척 간이니 난감하구나….

투장은 엄연히 범죄입니다!

법전에도 3년 이내의 유배형에 처한다고 했습니다.

이미 모신 조상을 다시 파낼 수는 없소.

자손 된 도리로 그런 불효를 저지를 순 없지~.

박경여

박경여의 말이 일리가 있다!

박수하 패소!

박경여 WIN

억울하오~! 억울하오~!

둥 둥 둥

박수하는 상경하여 격쟁*을 하기도 했으나 소득이 없었다.

안됐어….

이 일은 경상도 감영에서 처리하는 것이 맞으니 돌아가서 기다리시오.

경상 감사는 박경여와 친척인데….

한양

경상도

50

* **격쟁** 북이나 꽹과리를 울려 조정에 억울함을 호소하는 것.

그 와중에 박경여는 투장한 조부 묘지 주변 관리 작업을 했고

저, 저 무뢰한 놈들! 이젠 남의 선산까지 가로채려 들다니!

애들아, 저놈들을 혼내 주어라!

아유, 저희는 우리 어르신이 시켜서 하는 것뿐입니다요!

뚝 뚝

성주 관아

법도를 모르는 박수하가 우리 노비들을 폭행하고 무덤 주변을 훼손했소.

뭐요? 애초에 이게 다 누구 탓인데!

또 두 분! 내 입장도 곤란합니다~.

사또도 그러시면 아니되오!

박경여의 친척이 감사로 있다고 제대로 된 판결도 내리지 못하는 거 아니오!

어찌 그런 말을….

이 말이 경상 감사의 귀에 들어갔고

박수하 그자가 나를 친인척 비리범으로 모는구나!

분노한 감사는 성주로 내려와

박수하를 잡아들여라!

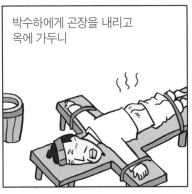
박수하에게 곤장을 내리고 옥에 가두니

박수하는 곧 죽고 말았다.

아버지…! 흑흑!

이렇게 억울하게 가시다니…!

그의 딸 문랑은 복수를 다짐했다.

조상님의 묏자리를 가로채고 아버지까지 돌아가시게 한 원수 박경여…!

분명 남의 묘를 파내는 건 큰 죄다.

하지만 내 원한을 풀기엔 이것도 부족해!

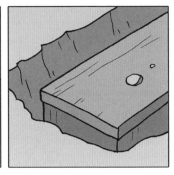

문랑은 복수심에 불타
박경여가 투장한 무덤을 파내고
시신을 불태워 버렸다.

이 사실을 알게 된 박경여는
창칼로 무장한 사람들을 데리고 왔고

저년이 우리 조부님의
묘를 파내 시신을
불태운 넌이냐?

그렇다!
원수 놈아!

네놈의 목도
내놓아라!

이야아~!

저런 죽일
년을 봤나!

문랑은 이들에게 대항하다
칼에 찔려 목숨을 잃었다.

아악!

에… 이 사건은 묏자리 소송으로 분개한 박수하의 여식 박문랑이

사구*를 한 뒤 자결한 것으로…

어찌 손바닥으로 하늘을 가리려 하십니까!

제 언니는 박경여의 수하들에게 살해당한 것입니다!

이제 됐으니 그만 돌아가라! 지겹구나!

막내딸 효랑은 억울함을 풀기 위해 남장을 하고 한양으로 올라와 아버지가 했던 격쟁을 또다시 했다.

억울하옵니다! 사건을 제대로 조사해 주십시오! 나으리~!

징ㅡ

징ㅡ

억울하옵니다!

＊**사구** 묘를 파내 시신을 꺼내는 것.

흑흑…

아니, 그대는 남자가 아니구려.

억울함을 호소하기 위해 남장을 하고 한양까지 홀로 왔습니다.

저 가냘픈 선비가 여자였잖아.

어머머, 여자의 몸으로 얼마나 억울했으면 격쟁까지 하누…

이 사건의 처리 과정을 알게 된 유생들은 통문을 돌려 7000명이나 서명을 해 임금에게 상소를 올렸다.

사정을 알게 된 임금은 박수하의 두 딸에게 효녀비를 내리고

어사를 보내 사건을 다시 조사하게 명하였다.

그럼에도 박경여와 경상 감사는 끝내 처벌받지 않았다고 전한다.

에헴!

다른 것과 달리 산송은 조상 묘를 수호하기 위한 싸움이라 소송 기간도 지리했고

16년간이나 싸웠거늘….

판결이 나도 투장을 한 사람은 파묘하지 않고 버티기 일쑤였다.

적당한 때 이장한다니까!

으이구!

어허, 송사의 대부분은 산송에 관한 것이고….

내가 명을 해도 제대로 해결이 안 되니 참으로 답답하구나….

실학자 정약용도 이 세태를 비판했다.

묏자리를 둘러싸고 벌어지는 소송이 아주 가관이군.

싸우고 구타하여 일어나는 살인 사건의 절반이 묏자리 다툼에서 비롯되다니….

이렇게 조선 중기 이후의 묏자리 다툼은 임금도 어찌할 수 없을 정도로 심각한 사회 문제였다.

내 자리야!

역대 대통령의 선친 묘는 명당일까?

1960년에 당선된 제4대 윤보선 대통령의 선친 묘는 충청남도에 있는데, 특이한 일화가 전해진다.

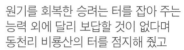

윤보선 대통령의 증조부는 가난한 선비였는데, 어느 겨울날 길가에 쓰러진 승려를 집으로 데려와 극진히 보살펴 줬다.

원기를 회복한 승려는 터를 잡아 주는 능력 외에 달리 보답할 것이 없다며 동천리 비룡산의 터를 점지해 줬고

이후 후손이 번창하고 대통령을 배출했다는 것이다.

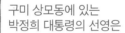

구미 상모동에 있는 박정희 대통령의 선영은

명당의 여러 조건을 갖추었다는 평을 받고 있다.

증조모 묘 하단에 있는 커다란 암석 덩어리가 후손에게 안 좋은 영향을 미칠 것이라는 평가도 있었지만

복을 받은 덕분일까? 우여곡절 끝에 대통령 자리에 올라 오랜 기간 집권했다.

가난에 찌들어 살던 전영수는
풍수학자를 극진히 모신 결과
사후에 안치할 명당을 점지 받았다.

그 뒤 집안과 자손들이
승승장구했고 후손 중
4남이 대통령이 되었다.

그가 전두환 대통령이다.

대선을 2년 앞두고 김대중 대통령 후보는
전남 신안 하의도에 있던 부모 산소를
경기도 용인으로 옮겼다.

이장할 장소를 점지해 준 것은
당대 최고의 지관地官
육관도사 손석우였다.

그 뒤 김대중 후보는
1997년 대통령에 당선됐다.

이회창 총재는 2004년 충남
예산군에 있던 조상 묘 9기를
인근 선영으로 대거 이장했다.

풍수 전문가들이 군왕지지郡王之地로
입을 모은 자리였다.

하지만 2007년 대선 경선에서
이명박 후보에게 패했다.

2007년 당선된 이명박 대통령은
출생 시 부모와 조모가 생존해 있어
증조부모 묘의 영향을 많이 받은 것으로
알려졌다.

풍수 전문가들에 의하면
이명박 후보에게 좋은 기운을 준 묘는
증조모의 묘라고 한다.

상대적으로 평범한 묘라는 평가를 받는
증조부 묘와 조부 묘에 비해
증조모의 묘가 워낙 좋아
대통령이 될 수 있었다는 것이다.

재미있는 것은 이명박 대통령 부모의
묫자리는 풍수 전문가들이 보통 이하라고
입을 모아 말했다.

2012년 대통령 선거에 출마한
박근혜 후보는 박정희 대통령의
장녀다.

전문가들은 박근혜 후보에게
영향을 주는 묘는 조부모의 묘보다
부모의 묘가 영향을 줄 것이라고 했다.

부친인 박정희 대통령의 무덤은
동작동 국립묘지에 있다.
이 터는 전문가들 사이에
논란이 많은 곳이다.

부정적인 평가를 하는 전문가들은
이 터가 보기에는 좋으나
한강 물길이 터를 감싸 주지 못하고
휘어져 돌아간 것이 풍수적으로
흉하다는 이유였다.

국립묘지 터는 절대로 묘지로
써서는 안 된다는 전문가들도 있다.

하지만 2012년에 대통령으로
당선된 인물은 박근혜 후보였다.

대통령을 배출한 묏자리와 관련된
평가는 현재의 기준에서 보면
맞기도 했고 틀리기도 했다.

?

전문가들은 묏자리의 발복은
양택 풍수와 달리 그 결과가 오랜 기간에
걸쳐 나타날 수밖에 없다고 한다.

이장을 했다고
즉시 복을 받는 것은
아니라는 뜻이다.

왜 이렇게
서둘러!
기다려 봐.

그리고 대통령에 당선되는 인물은
명당이 아니라 민심에서
결정되는 것 아닌가.

묏자리를 잘못 써서 부관참시당한 지관이 있다는데?

조선 시대의 지관은 대체로 과거 제도인 잡과雜科를 통해 채용되었다.

풍수지리학은 조선 시대에는 전문직으로 대우받았는데, 궁궐 및 왕릉의 선정과 이전 등에 관한 실무를 담당했다.

왕의 묘를 쓰는 일을 담당하다 보니 우여곡절이 많은 직책이었다.

애꾸눈의 지관 목효지는 세종에게 상소를 올려 왕세자빈의 능을 만들 안산군 고읍의 땅이 흉지凶地라서 장자와 장손이 일찍 죽을 것이라고 주장했다.

수양 대군 등이 참석한 조사에서도 뜻을 굽히지 않았으나 무덤 자리는 그대로 안산군 고읍에 만들어졌다.

문종이 죽은 뒤에도 목효지는 현릉을 선정하는 과정에서 다시 수양 대군과 대립했다.

목효지는 현릉이 대가 끊어지는 자리라며 절대 써서는 안 된다고 주장했지만 수양 대군을 비롯한 대신들에 의해 묵살되고 무덤이 조성되었다.

그 뒤 목효지의 말대로 그 자리에서
물이 나고 돌이 나와 폐기된 뒤,
구리의 동구릉에 다시 능을 조성하였다.

수양 대군은 조카를 무너뜨리고
권력을 쟁취하기 위해
풍수를 이용한 것이고

목효지는 그것을 막고
세종에서 단종으로 이어지는
왕조를 보전하기 위해
풍수를 이용했다.

수양 대군이 즉위하자
목효지는 죽음을
피할 수 없었고,
교수형으로 생을 마감했다.

1515년 장경왕후 윤씨는
인종을 낳은 지 며칠 뒤에
죽고 말았다.

헌릉의 오른쪽 산줄기에
장사 지내고 능호를
'희릉'이라 지었는데
이때 책임을 맡은 사람은
영의정 정광필이었다.

20여 년이 지난 중종 32년에
정광필에게 원한을 품은
후임 영의정 김안로가
'희릉 사건'을 일으켰다.

희릉을 조성할 당시

시체가 놓이는 무덤의 구덩이 부분에
돌이 있었음을 알고도
보고하지 않고 무덤을 조성해

현재 무덤에 물이 차 있을
가능성을 지적한 것이다.

무덤에 물이 차는 것은
크게 불길한 일로 여기기 때문에
이 문제가 사실이라면
큰일이 아닐 수 없었다.

조정에서 논란이 되자 정광필은
탄핵을 받아 쫓겨났고

당시 무덤 점지와
조성 작업에 관여했던
지관들은 매를 맞아 죽거나

이미 죽은 지관 조윤은
무덤이 파내져
능지처참을 당했다.

그 뒤 장경왕후의 무덤은
현재의 서삼릉으로 이장되었다.

살다 보면 떠도는 수가 있다. 그러나 떠돎
그 자체에 빠져들다가 때를 놓치면 인생을
떠돌게 된다. 떠돌이 삶의 끝자락에는
명당(明堂)이 있어야 한다. 그곳에 평온이
깃든다면 그곳은 정녕 명당이다.
영원한 평온은 무덤 속이 될 수도 있겠으니,
명당에 대한 희구(希求)는 무덤이라고
예외는 아니다.

2화 묏자리 명당을 찾아라!

1993년, 미 육군에서 한 흥미로운 실험이
〈어드밴스 저널〉에 실렸다.

사람의 감정과 그의 DNA가
수십 미터 떨어진 곳에서도

서로 반응하는지
알아보는 내용이었다.

피험자는 모니터를 통해
다양한 영상물을 봤는데,

그중 참혹한 전쟁터와 같은
극단적인 장면을 봤을 때

오우,
노우~!

수십 미터 떨어진 곳에 있던 그의 DNA 샘플이 강력한 전기적 반응을 보였다.

이 실험을 기획한 클리브 백스터 박사는 수백 킬로미터 떨어진 경우에도 결과는 마찬가지였다고 한다.

거리가 문제는 아니었습니다.

이것은 무엇을 의미할까? 피험자가 어떤 감정을 겪을 때 분리되어 있던 그의 DNA가 반응하였다는데,

DNA

빛보다 더 빠른 속도로 수백 킬로미터 떨어진 그 둘 사이에 감정을 전달한 것은 무엇일까?

중국 당나라 때 곽박이 지은 풍수지리서 『금낭경錦囊經』에 이런 이야기가 적혀 있습니다.

가을이 되어 밤나무에서 밤송이를 따 산 너머에 있는 창고에 저장했는데

이듬해 봄이 되어 밤나무에 싹이 트니까

산 너머 창고에 있는 밤송이에도 싹이 텄다.

으음…

동기감응론同氣感應論 입니다.

사람은 부모에게서 몸을 받기 때문에 부모가 매장된 뒤 남은 기운이 자손의 신체에 음덕陰德을 전한다는 것이죠.

'군밤에서 싹이 난다.'는 말도 있잖아요.

그건 이 상황이랑 안 맞는데요.

죄, 죄송….

…

묏자리를 좋은 데 쓰려는 이유가 다 부모덕을 받으려고 하는 거겠죠?

어허! 꼭 그런 것만은 아니네.

살아서 못다 한 효도를 돌아가신 뒤에라도 하겠다는 것이지.

근데 양지바른 땅에 묻히든 안 묻히든

자식한테 어떻게 영향을 준다는 거죠? 그냥 기분 탓 아닌가요?

시신이 땅에 묻히면 그 땅의 기운을 받아들여 후손에게 영향을 준다는 믿음이 있기 때문에

옛날 사람들은 음택 풍수를 중요하게 생각했어요.

음택….

흥선 대원군 이하응의 부친인 남연군의 묏자리 이야기를 들어 봤나요?

원래는 경기도 연천에 남연군의 묏자리를 썼는데

어느 날 이하응은 지관으로부터 놀라운 말을 들었죠.

그래, 알아보라 한 일은 잘 되었나?

예산의 가야산에서 천하의 명당을 보고 왔습니다.

천하의 명당이라…

두 곳이 있었는데

하나는 2대에 걸쳐 천자가 나올 만한 자리이고,

또 하나는 만대에 걸쳐 부귀영화를 누리게 될 자리였습니다.

호오, 그래~?

내가 안동 김씨 일파들로부터 온갖 수모를 받고 살았잖아!

천자의 묏자리로 가 보자!

70

그런데 천자가 나올 자리에 부친 묘를 이장하기엔 큰 문제가 있었다.

이, 이게 뭐야….

명당에 절이 들어서 있다는 게 참으로 안타깝습니다.

에잇! 아무도 날 막을 순 없어!

사람을 시켜 불을 질러 버리세!

불이야~!

활활

아이고, 절이 홀랑 타 버렸네!

절을 태운 이하응은 그 자리에 즉시 부친 묘를 이장했다.

이하응이 부친 묘를 옮긴 뒤 7년 뒤에 차남 명복을 낳았는데, 그가 바로 조선 제26대 왕 고종이다.

또한 고종의 둘째 아들 역시 조선의 제27대 왕 순종이 되었죠.

2화 | 묏자리 명당을 찾아라!

2대에 걸쳐
왕이 나온다는
지관의 예언은
맞았지만

조선은
망해 버렸잖아….

아무튼 명당은
이런 겁니다.

으음….

좋은 곳에 조상을 모셔야
그 땅에서 나는
좋은 기운이 자손에게도
전해지는 겁니다.

그러니까
고민하지 마시고
여기로 정하시죠.

으음….

근데 요즘은 화장을
많이 하지 않나요?

아무래도
화장이 관리하기
편하긴 하죠~.

화장은
차선이죠.

화장을 하면
조상과 후손 간에
연결할 수 있는 것이
없어진다고 봅니다.

조상과 후손의
연결 상태가
제로가
되는 거죠.

예전에 파묘를 하고
화장을 한 사람이
있었는데….

저희 가족이
이번에 미국으로
이민을 가게 돼서
묘를 관리할 사람이
없어요.

그럼 화장을
하는 편이
좋을 것 같군요.

그래서 화장을
하고 다들
미국으로
갔는데….

얼마 안 가
교통사고로 전부
사망했어요.

네?

그동안 지켜 주던
조상의 음덕이 사라져서
그렇게 됐다는 것이군요.

그만큼
묏자리가
중요해요.

김선생님,
조금 전에
화장을 하면
후손과의
연결 상태가
제로가 된다고
말씀하셨죠?

그랬지요.

그렇다면 묏자리를
잘못 써서 안 좋게 된
사람일 경우에는

파묘를 해서
화장을 하는 게
더 나을 수도
있겠네요.

아, 그렇겠네요!
나쁜 기운이 제로가
되는 거잖아요.

그, 그건
그렇지만….

그래서 우리 조상님
묏자리의 기운이
좋다는 거야,
나쁘다는 거야?

가난한 집에 태어나 맨주먹으로 시작해서 이사까지 오르셨으니

좋은 기운 아닐까요?

와! 이사님, 성공 신화의 주인공이셨어요?

누가 맨주먹이래!

나름 중산층이었어!

문제는 나이 먹은 지금이지.

자네들도 이사가 파리 목숨이란 거 알지?

으...

앵~

파리 얘기하니까 이놈의 파리!

놓쳤다!

놓치는 게 낫지 않나요? 이마에서 파리가 터져 죽었으면… 아유, 징그러워!

자넨 입 다물고 있게….

2화 | 묫자리 명당을 찾아라!

아무튼 이사는 겉으론 번지르르해 보이지만 해마다 재계약을 하잖아.

비정규직이랑 다를 게 없어. 겨울이 오면 재계약 걱정을 해야 하지….

아유, 전 그래도 이사라도 돼 보고 퇴직했으면 좋겠네요~.

동감!

풍수는 크게 음택 풍수와 양택 풍수로 나눌 수 있다.

음택

양택

음택 풍수는 조상을 잘 모시려는 조상 숭배 사상과 유교의 효 사상에 영향을 받았다.

무덤을 돌아가신 분들이 지낼 집으로 여기고 좋은 곳을 마련해 드린다는 것이다.

살아 있는 사람이 살 집을 정하는 양택 풍수의 경우,

와! 집터가 좋은지 몸이 좋아지는 것 같아~!

전원주택

이 자리는 장사가 잘되네~.

발복을 하는 시간이 적게 걸리는 반면

와글

와글

음택 풍수의 경우엔

조상이 돌봐서인지
내가 특출해서인지.

대통령 당선!

할아버지! 우리 가문이
정력이 좋은지
3대 만에 대가족이
됐습니다!

발복의 시간이
오래 걸린다.

복 좀 먼저
주세요!

아 쫌
기다려 봐!

현대에 와서는
현실적인 이유로
음택 풍수의 전통이
변화하고 있다.

추모 공원에
모시죠.

평소에 아버님이
즐겨 운동하시던
은행나무 주변에
수목장을
해 드리죠.

통

통

그런데 매장 방식을 따르는
사람들에겐 동기감응론이란
매력적인 이론이 있다.

〈어드밴스 저널〉에 실린 DNA 실험 외에도

국내의 모 방송국에서 했던 정자 반응 실험이 있다.

피험자의 정자를 채취해서…

피험자의 몸에 약한 전류를 흐르게 하고

쩌릿

채취한 정자의 반응을 관찰했더니

정자가 담긴 시험관의 전압계에 미세한 전위차가 나타났다!

피험자의 몸 밖으로 배출된 정자는 피험자와 동일한 전자스핀을 갖고 있는데

전자기적 공명共鳴 현상이 일어난 것으로 해석할 수 있습니다.

학자들은 이런 반응을 '동기감응'이라고 한다.

* 정자 반응 실험은 국내 방송국에서 두 차례 행해졌는데, 1996년 SBS에서 방영된 이상명 박사의 실험은 반응이 있다는 결과가, 2013년 채널A 〈이영돈의 논리로 푼다〉에서는 반응이 없는 결과가 나왔다.

우리 눈에 보이지 않는다고 없는 게 아니에요.

보이지 않지만 영향을 주는 에너지가 있잖아요~.

전자파 보여요? 안 보여도 분명히 존재하잖아요.

그래서 음택 풍수를 믿는 사람들은 화장을 선호하지 않는다.

화장을 하면 조상의 기운이 없어져 버리거든.

화장을 하고 나서도 고인의 유골이나마 좋은 곳에 안치하자는 바람이 늘어나

이제 추모관의 풍수지리적 위치가 중요한 시대가 됐다.

추 모 관

추모관을 이용하지 않는 사람들은 숲이나 나무 아래에 고인을 모시는 경우도 있다.

그런 경우에도 풍수를 떠나서 모실 자리를 찾기는 쉽지 않다.

여긴 아니야….

아무 나무에
수목장을
할 수는 없지.

배산임수背山臨水,
좌청룡 우백호,
안산案山도
고려해서…

이 나무로
선택!

아버지….
불편을
끼쳐 드려
죄송합니다.

이제야
제대로 된 자리를
마련했습니다.

편히
쉬세요.

탁월한
선택입니다.

쏴아

이놈아….

이놈아….

이놈아!!

불편하다,
불편해!

아,
아버지….

아니, 뭐가
불편하다고
그러세요?

고르고 골라
양지바른 곳에
모셨는데….

지지난 번에는
도시혈에

지난번엔
싱크홀을
겪게 하더니,

이번에도
뭔가 이상해.

그럴 리가요~.
걱정 마시고
편히 쉬세요.

이놈아!
물 떨어져!

별일
아닐 거예요.

간밤에 내린 폭우로 ○○산 일부가 토사와 함께 무너져 내려 인근 농가에 피해가….

아니! ○○산이라면?!

아이고, 아버지~!

흙더미에 쓸려 가실 뻔했잖아!

저러다 무덤까지 무너지면 시신도 못 찾게 될 텐데….

김선생! 어떻게 매번 이런 일이 벌어지나!

이사님, 이런 일은 로또 맞은 사람이 돈 찾으러 가다 벼락 맞아 죽을 확률보다도 낮은 확률입니다.

시끄럽소!

결국 오이사는 화장을 한 뒤
추모관에 안치하기로 결정했다.

그러나 추모관을
결정하기도 쉽지 않았다.

지금은 바닥층만
자리가 있습니다.

3관을
확장 중이긴
한데 아직…

여긴 너무
복잡하지
않습니까?

완전 사물함이군.
이런 데서
편안하시려나…

휴…. 화장도
쉬운 일이
아니네….

고객님! 그동안
장묘 문화로 인해
많이 불편하셨죠~?

?

저희 21세기 추모관을 소개해 드립니다!

'가시는 길 편안하게, 오시는 분 흐뭇하게'를 모토로

고인을 편하게 모시며 추모객 분들을 모두 만족시킬 수 있는…

21세기형 최첨단 하이테크 추모관을 오픈했습니다.

하이테크 추모관?

추모관은 안치단의 자리에 따라서 가격이 천차만별인 거 아시죠?

아래를 1단이라고 하는데 보통 10단까지 구성되어 있고요.

고객님들은 대부분 고인의 유골함을 중간층에 모시고 싶어 하시죠.

바닥에 모시기엔 좀 그렇지….

아파트 로열층처럼 대략 4, 5, 6단이 인기 있는 자리입니다.

딱 눈높이 정도군….

적당한 높이죠.

다들 이 자리에 안치하고 싶어 하지만 현실적으로 그렇게 하기 어렵습니다.

그래서 저희 추모관은 모든 고객의 유골함을 로열칸에 모실 수 있는 방법을 연구했습니다.

오, 그래요?

자, 보시죠~!

두둥

안치하고….

다음 유골함을
안치하고….

오부친

또 다음 고객을
안치하고….

헉!

로열칸 깊이가
넉넉합니다.

아, 아니
그래도….

이놈아! 날
화장까지 시키더니
이젠 어디로
보내려는 거냐?

아버지!

지금
계신 곳이
어디쯤이세요?

고객들이
또 오셨네요.

나도
로열칸에!

나도!

나도!

안치!

이놈아! 여기선
편히 못 쉬겠다!

오부친

로열층이고 뭐고
다 필요 없다!
혼자 있고 싶어~!

안 돼~!

뭐야,

또 꿈이야?

또 아버님
꿈 꿨어요?

돌아가셨지만
늘 곁에
계신 것 같아.

옛날 사람들이 신앙처럼 믿던
풍수 이론은 동기감응론이다.

조상을 잘 모시면
후손에게
복이 생겨~.

이 책에
다 나와 있어.

금낭경

청오경

풍수 이론서는
오래된 고전 중에서도
귀한 대접을 받았다.

경經이다!

역사적으로
'경'이라 불리는
책은 손에 꼽을
정도다.

시경 서경 역경 도덕경

그럼에도 풍수 관련
고전 서적들은
경이라 불린다.

청오경

감룡경

의룡경

금낭경

풍수는 그만큼
중시되었던 것이다.

풍수를
배워야
엘리트지.

곽박*은 『청오경 靑烏經』을
인용하며 동기감응을
강조했다.

살아 있으면
사람이요,
죽으면 귀신이다.

* **곽박**(276~324) 중국 서진 말에서 동진 초의 학자.

89

부모를 장사 지냈는데 그분들이 지기地氣를 얻으면 같은 종류의 기가 서로 감응하게 되고

그 복은 반드시 살아 있는 자식들에게 나타날 것이다.

곽박은 구리 광산에 지진이 나자 그 영향으로 궁궐에 있던 구리종이 울린 것을 알아낸 동방삭의 이야기를 동기감응의 예로 들었다.

혼자 울려!

동기가 감응한 것입니다.

당연하지! 동기감응론은 진리야.

친자감응親子感應 이라고도 하지.

우주만물엔 생기生氣가 있는데

사람의 몸이 그중에서도 가장 생기가 많아.

또 그중에서도 생기가 가장 집약된 곳이 바로 뼈지.

사람을 매장한 뒤에도 뼈는 남아서 같은 유전자를 가진 자손에게 영향을 미친다고!

그런데 좋고 나쁜 영향을 미치는 데에는 매장하는 자리가 매우 중요해.

좋은 땅은 시신에도 좋은 기운을 주고 반대의 경우엔 나쁜 기운을 주지.

그 기운이 자손에게 전해지는데 돌아가신 조상을 어찌 좋은 땅에 모시지 않을 수가 있나.

마치 신앙과 같은
발복에 대한 기원이

유교의 효도 사상과 어울려 명당에 부모를
모시려는 노력이 본격적으로 행해졌는데

명당!

명당!

원래부터 이랬던 것은
아니었다고 한다.

동기감응론을
비판하는 사람들도
있었다.

내 묏자리는
선영을 모신

내곡동 헌릉 옆으로
정하겠다.

세종

아니되옵니다.
그 자리는 물이
차고 추워서
좋지 않습니다.

지관

다른 곳이 좋다한들
아바마마 곁에
묻히는 것만큼
좋은 자리가
있겠느냐.

선영 곁에서
아바마마를
모시고 싶구나.

끙…

동기감응이 제대로 안 돼서인지 모르지만, 그 뒤 19년 동안 후대 왕들이 고난을 겪었다.

까악~

문종 2년, 종기로 사망.

단종 3년, 사약 받고 사망.

세조 13년, 앓다가 사망.

예종 1년, 병사.

툭

19년 동안 무려 4명의 임금이 바뀌었네….

거봐! 묏자리가 안 좋다니까!

예종 1년에 여주로 이장을 결정하고 헌릉에 모신 세종의 묘를 파내자

차가운 물에 꽁꽁 얼어서 썩지 않고 있잖아!

아이고~, 이렇게 돌아가신 뒤에 편히 지내지 못하셔서 후손들에게 좋은 기운을 전해 주지 못하셨구나….

결국 천하의 명당이라는 여주로 능을 옮긴 뒤에 등극한 성종은 단명의 대를 끊고

25년 동안 조선의 기틀을 마련하며 많은 치적을 쌓았다.

동기감응론을 비판했던 세종의 뜻은 원치 않는 결과를 가져왔지만 그 이후에도 실학자들의 합리적인 비판은 이어졌다.

착하고 바르게 자라라~.

헤~.

….

허허….

살아 있는 아버지가 저리 훈계를 하고 애를 써도 어긋나기가 쉬운데,

죽은 사람이 어찌 살아 있는 자손에게 복을 줄 수 있는가….

아이고, 나 죽네~.

뼈를 깎는 고통이네~.

애비가 받는 악형 때문에 아들의 몸에 악질이 들었다는 얘기는 듣지 못했거늘….

하물며 죽은 자의 혼백이 무슨 복을 전할 수 있겠는가!

다 부질없는 믿음일 뿐이지….

실학자 홍대용

그런 비판적인 의견에도 사회 전반에 신앙처럼 널리 퍼지고 있는 명당 발복설을 잠재우진 못했다.

그래도 대세는 동기감응! 명당 발복!

김가놈은 묘를 잘 써서 부귀영화를 누렸대!

최가네는 묘를 잘못 써서 패가망신했대!

복을 주세요~!

잘 살게 해 주세요~!

이렇게 온 나라에 퍼진 명당 발복을 기원하는 풍조를 임금도 막을 수 없었다고 한다.

끙~.

파평 윤씨와 청송 심씨는 묏자리를 둘러싸고 400년간이나 싸웠다.

윤

심

1662년 청송 심씨의 수장으로 영의정을 지낸 심지원의 묘를 파주 광탄면에 있는 산에 쓴 것이 사건의 시작이었다.

파주

저건 누구의 무덤인가?

방치된 걸 보니 주인 없는 무덤 같습니다.

신경 쓰지 않아도 될 것 같습니다.

그럼 이곳을 우리 가문의 묏자리로 쓰세.

그러나 그곳에 있던 묘는 1111년에 죽은 고려 시대의 학자이자 장군 윤관의 것이었다.

여진을 정벌하고 9성을 쌓아 영토를 확장하는 큰 공을 세웠는데

세월이 흐르며 무덤이 폐허가 되었구나….

윤관이 매장된 지 500년이 지난 조선 인조 때 영의정 심지원은 나라에서 하사받은 땅에 부친 묘를 쓰는 것을 시작으로 가문의 묘역을 조성했다.

그리고 심지원이 죽자 윤관 장군의 묘와 가까운 곳에 자리를 잡았다.

아니! 내 무덤 3미터 뒤에 무덤을 쓰다니! 어이구, 불편하구나~.

그로부터 100년 후인 1763년 파평 윤씨 측은 조상인 윤관 장군의 소실된 묘역을 찾던 중

우리 가문의 큰 어르신인 윤관 장군님의 무덤이 어디에 있는지도 모른다는 게 후손으로서 부끄럽구나.

반드시 찾아서 예를 드리도록 합시다!

파주에서 폐허가 된 장군 묘를 발견하는 데 성공했으나

찾았다~!

바로 뒤에 심지원의 묘가 있는 것을 발견했다.

아니! 조상님 묘를 파헤치고 함부로 무덤을 쓰다니! 이런 천인공노할 일이!

당장 윤관 장군님의 묘를 고쳐 세웁시다!

당연하죠!

그 과정에서 심지원의 묘 일부가 파손됐고

이로 인해 두 가문간의 지루한 묏자리 소송이 시작됐다.

이 자리는 우리 조상님인 윤관 장군님의 묏자리인데 왜 여기에 묘를 쓴 거요?

어허! 100년 전부터 써 온 우리 할아버지 심지원 어른의 묏자리요!

우리가 먼저요! 어서 이장하시오!

그럼 묏자리를 잘 관리하든가!

비석도 없이 방치해 놨으니 누구 묏자리인지 어떻게 알아? 절대 못 해!

두 가문이 워낙 명문가라
지방의 수령도
어찌하지 못하고

왕까지 나서서
중재를 했지만

파평 윤씨와
청송 심씨는
그만 화해하고
각자의 분묘를
잘 관리하라~.

두 가문은 아랑곳 않고
치열한 쟁송을 제기했다.

어허!

광

내가 그만두라고
했는데 아직도
싸우다니!

당장 관련자들을
모두 잡아
귀양 보내라!

그럼에도
두 가문의 싸움은
끝나지 않았다.

파평윤씨　청송심씨

에휴,
포기다.

1969년 파평 윤씨 측은 윤관과 심지원의 묘 사이에 담장까지 설치했다.

조상님 묘 코앞에 담장을 쌓다니! 당장 허물어 버리시오!

결국 이 싸움은 400년이 지난 2007년에 와서야 두 가문이 화해하기로 합의하고

이장에 필요한 부지 2500여 평을 우리가 제공하겠습니다.

파평 윤씨 측

우리 조상 묘 17기를 옮기도록 하겠습니다.

청송 심씨 측

파평 윤씨 가문이 부지를 제공하고 심지원 묘를 이장하는 방식으로 끝낼 수 있었다.

당시 CNN 해외 토픽까지 소개될 정도로 이 싸움은 화제가 된 것이다.

뭣자리 명당을 차지하기 위한
조선 후기 사람들의 노력은
여러 형태의 불법적인 매장을
낳았고 산송으로 이어졌다.

이때 등장한 불법적인
매장은 방식 또한
다양했는데

공식적으로 인정된 묘지
이외의 땅에 몰래
매장하는 암장暗葬,

남의 산이나 뭣자리에
몰래 자기 집안의 묘를
쓰는 투장偸葬,

기존 분묘 안에
몰래 매장하는 역장逆葬,

암장 후 봉토를 하지 않고
평지인 것처럼
위장하는 평장平葬,

왕릉 주변과 같은 금장 구역에
몰래 매장하고 허수아비를 넣은
가짜 무덤을 만드는 공장空葬,

진짜는
저기~.

허수아비 묘

권세를 이용하여
땅 주인의 의사와는
관계없이 강제로
빼앗는 늑장勒葬,

내 땅이라니까
뭔 말이 많아!

아이구, 완전
땅 강도네~!

그런데 정말 묏자리를 잘 쓰면 집안이 흥하고 그렇지 못하면 불행해질까?

명당천국 흉당지옥

묏자리 덕에 잘됐다는 이야기는 기록에서도 종종 볼 수 있다.

그게 정말일까?

묏자리 때문에 그게 가능해?

이 문제에 의문을 품고 조사해 본 사람이 있었다.

거참…

조선 영조 때 성호 이익이 전주 감찰사로 부임했을 때의 일이다.

이번에 영지 내의 주인 없는 묘를 이장해야 하는 일이 생겼는데…

안 됩니다!

주인 없는 묘라도 함부로 이장해선 안 됩니다~.

그 문제는 쉽게 생각할 일이 아닙니다.

사대부들의 반대가 심했다.

이렇게 반대가 심하다니….

상식 이야기 풍수

이익은
지관들을
불러 모았다.

관찰사 나리,
무슨 일입니까?

자네들도 알다시피
나에겐 세상의 이치는
실증적인 자료들로
알고 싶은 마음이 있네.

아, 요즘
뜨고 있는
실학이죠?

그대들은 우리 관할 지역에
있는 무덤들을 조사해서

어떤 것이 명당이고
어느 것이 흉당인지
조사하게.

예?

그리고 그렇게 분류한
묏자리의 후손들을
추적해 보게.

명당 후손은
잘 되었는지
흉당 후손은
못 되었는지….

알겠습니다.

결과야 뭐 당연한 것 아니겠습니까?

그 결과는 지관들의 기대와 달리 제각각이었다.

참판을 해야 할 묏자린데 손자가 종적을 감췄고…

묘가 안 좋아서 대가 끊길 자린데 멀쩡하게 벼슬을 하고 있었습니다.

지관이 땅을 잘못 해석한 것이냐? 아니면.

명당을 찾는 일이 부질없는 것이냐?

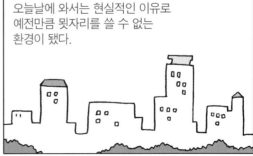

오늘날에 와서는 현실적인 이유로 예전만큼 묏자리를 쓸 수 없는 환경이 됐다.

그럼에도 오랜 세월 관습으로 자리 잡은 명당 발복의 믿음으로부터 완전하게 자유로운 사람은 드물다.

나는 풍수지리를 믿지 않지만 우리 아버지 유골은 양지바른 곳에 뿌리고 싶어.

비록 수목장을 한다지만 좋은 자리에 난 나무에 하고 싶어.

풍수지리는 모르지만 비싼 추모관이라면 좋은 자리에 짓지 않았을까?

돌아가신 부모를 잘 모시고 싶어 하는 마음은 세대가 변해도 변함없는 것이다.

근데 살아서 더 잘했어야지….

돌아가셔도 저렇게 잘하는데, 살아선 더 잘했겠지.

어쨌든, 좋은 게 좋은 거니까….

지관들의 묏자리는
최고 명당?

시대를 풍미한
지관들의 무덤은
사람들의 관심을
받기 마련이다.

대통령 묏자리, 현충원,
정부 종합청사 등의
자리를 잡는 데 자문을 했던
지관의 묘는
경기도 연천에 있다.

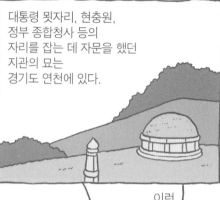

풍수에 관심 있는 사람들이
찾아와서 명당 터를
확인하려는 것은
당연한 일이다.

역시
명당이네….

이런
반응부터

당판_{堂板}은 넓고
훌륭하지만
수맥_{水脈}이 좀….

다양한
반응이 있다.

…

대통령 후보들의 조상 묘를
이장할 장소를 점지해 주며
유명세를 탄 육관도사 손석우는
자신의 묏자리를 비밀리에 써서
화제가 되었다.

그 묘가 위치한 곳이 충청남도
예산군 가야산 자락이어서
더욱 관심을 끌었는데

이곳은 두 명의 천자를 배출한 대원군의 선친 묘가 있는 자미원에서 400여 미터밖에 떨어져 있지 않았기 때문이다.

비밀리에 썼음에도 유명한 지관의 묏자리를 보고 싶어 하는 지관들과 관광객들이 전국 각지에서 끊임없이 몰려들었고

역시 명당이네. 꿩이 알을 품고 웅크렸어~.

근데 당판이 왜 이리 좁아?

평가도 각양각색이었다.

…

비밀리에 조성한데다 본인의 유명세가 맞물려 수난을 당하기도 했다.

여기야.

여기.

몰려든 관광객들로 인한 자연 훼손이 문제가 되어 복구 명령을 받기도 했다.

그러나 비밀리에 묘를 쓴 이유가 구설수에 오르기도 했는데

비밀리에 묏자리를 풍수 도사의 묘는 어

그 장소가 국유지인 도립 공원이기 때문이다.

도립공원

경기도 여주시 대신면 송촌리에는 풍수 전문가 최창조 선생의 부친 묘가 있다.

풍수 권위자의 선친 묘를 구경하기 위해 방문한 사람들의 반응 역시 다양하다.

106

용맥龍脈이 퍼져서
생동감이 없다거나

바로 옆에 물길까지 있어서
좋지 않다는 평을 하는
사람도 있고

작은 생기나마 주변과 조화를
이루며 아늑한 느낌을 준다는
평도 있지만,

대체로 명당은
아닌 것 같다는 평이
주를 이루고 있다.

거참…
풍수 전문가가
고를 만한 땅은
아닌 것
같은데….

최창조 선생은 이 묘를 보고
혹평하는 사람들에게
두 시간만 앉아 있으면
느낌이 온다는 말을 해서
세간에 화제가 되었는데

?

사실 이곳은 최창조 선생의
부친이 아끼던 과수원에
딸린 땅으로

부친이 좋다고 하여
특별한 이유 없이
묘를 쓴 것이라고
한다.

아버지가
좋아하던
땅이면
된 거죠.

어쩌면 지관들도
본인들이 묻히고
싶어 하는 땅을
찾은 게 아닐까?

더 좋은 데도
있지만
여기가 마음에
들어서….

풍수 Q&A ④

요즘 화장이
대세라는데?

우리나라에서 유교적 전통은
사람들의 마음속에
자리 잡고 있다.

돌아가신 분이
제사상 음식을 실제로
먹을 리는 없지만

못다 한 효도에 대한 아쉬운 마음을
위로해 주는 역할을 하며 자녀들에게는
가족의 유대와 예절에 대한 교육적 효과까지
기대할 수 있는 것이다.

돌아가신 분을 좋은 곳에
모시고 싶어 하는 것도
같은 마음에서 나온다.

그러나 금수강산을
묘지로 잠식할 수 없다는
의식 변화,

부담스러운 비용 같은
현실적인 이유로
화장이 장려되고

납골당을 이용하는 이들이
늘어나는 추세다.

풍수적인 면에서도
화장은 반드시
나쁘다고 할 수는 없다.

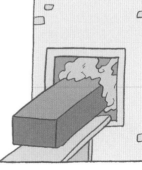

풍수는 우리 조상들이
오랫동안 쌓아 온 땅에 대한 깨달음과
자연에 대한 세심한 통찰력을
바탕으로 만든 삶의 지혜이다.

대박집의 조건

저기 봐.
로또 명당 집이야.

와~, 사람들이
엄청 많네요.

한 가게에서
저렇게 많이들 사니
당첨자가 나올
확률도 높아지겠지.

저런 경우는
가게 주인이

로또를
맞았다는 말이
더 어울리겠네요.

하하,
정답이네요.

원래 편의점을
하고 있었는데

로또 판매점
모집을 하길래
신청했죠.

대박 로또 판매점
사장 김모 씨

금방 1등 당첨자가
나온 건 아니고,

2년쯤 되자
1등이 나왔어요.

밖에 크게
1등 당첨이라고
붙이자 얼마 안 가
또 1등 당첨자가
나왔고요.

그 뒤로
입소문이 나서
저절로
잘 팔렸어요.

그런데
저 집은…

백호빌딩

고모네

쳇, 조금만 늦으면 저렇다니까….

뭐 대단한 걸 파나 보죠?

별거 없대요. 김치찌개 전문이라는데

점심시간엔 늘 저래서 아직 못 가 봤어요.

고모네

다음에 꼭 가요~.

저 집으로 갑시다!

호프광

갑을식당

한정식 삼겹살 갈비탕 해장국 추어탕

찌만골 식당

앞집과 완전
비교되는군.

쉿!
들겠어요….

늘 이렇진
않겠죠~.

터가
안 좋은가?

이런 거 보면
장사도 잘 되는
자리가 있나 봐.

장사에
좋은 터요?

아,
왜 있잖아.

좋은 땅이 있으면
나쁜 땅도 있을 거
아니야.

좋은 땅,
나쁜 땅이
어디 있어요.

용도에
맞게 쓰면
좋은 땅이지.

그럼 저 앞집은
대박집인데
여긴 왜 이래?

헉!

….

철푸덕

퇴직하고 나니
어디 들어갈 데는
없고….

가진 거
다 긁어모아
식당을
연 겁니다.

네네,
죄송합니다.

대기업 부장까지 했는데
자존심 상하는 일도
많았고요….

얼마 전에는 웬 남녀가
사진을 찍더라고요.

찰칵!

찰칵!

손님, 여기서
계속 사진 찍으시면
곤란합니다.

왜요? 가게
홍보하려고
그러는데요.

저희는
맛집 소개하는
파워 블로거예요.

아, 네~.

음식 맛있다고
블로그에
올려 드릴게요.

아이고,
감사합니다.
5만 4천
원입니다~.

맛집 소개하는
파워 블로거
라니까요.

네네,
하여간
계산은
하셔야죠.

사장님, 정말
뭘 모르시네!

이러시면
곤란하죠~!

실랑이 끝에 음식 값은 받아 내긴 했는데….

여기저기에 악평을 써 놔서….

저런.

갑자기 손님이 뚝 끊기더라고요.

이 자리에서 먼저 하던 식당도 망했었는데 정말 터가 안 좋은 건지….

설마요~.

왜 쓸데없는 소리를 해서 난처하게 만들어요~.

나는 그냥 쪽박 차는 이유가 가게 터 때문인지 궁금해서 그런 거지~.

음식점이 잘되고 안 되는 게 어디 한두 가지 이유 때문인가요?

아무 데나 풍수를 엮지 마세요.

근데 맛은?

그저 그랬어….

대박집을 먼 데서 찾을 이유가 없지.

우리 엄마 식당이 대박집인데.

그게 다 내가 명당에 집을 지었기 때문이지!

하하하하~!

…라고 하셨지만 과연 그런지 알아봐야겠다.

엄마!

우리 아들
왔구나~.

회사는
힘들지 않고?

아버지만
찾아오지 않으면
다닐 만해요.

근데 엄마,
이 짬뽕집 정도면
대박집이라고
할 만한 건가?

대박집은 무슨~.
워낙 싸게 팔아서
얼마 남지도 않아.

에이, 무슨 말이여! 이만하면 대박집이지.

맛있다고 소문나서 먼 데서도 찾아오잖아.

득수야, 네 엄마 짬뽕 맛은 일품이다.

네 아빠가 명당이라고 했으니

그것 때문에 사람들이 많이 오는 게 아닐까?

엄마도 이 자리가 명당이라고 생각해요?

난 그런 거 몰라. 아빠가 명당이라면 명당인 거지.

어려서부터 여기에 살면서

별생각 없었는데 어디 한번 살펴보자….

SBC 맛집
MBS 그집

봉짬뽕

풍수 이론에서 말하는 이상적인 입지 조건은

배산임수!

산을 등지고 강을 마주보는 땅을 살기 좋은 곳이라 하지.

왜 그럴까?

옛날 사람들은 높은 산에서 나온 땅의 기운이 산맥을 타고 흘러온다고 생각했다.

우리 땅의 기운은 여기에서 나오지.

백두산

사람의 몸에 흐르는 혈관처럼 땅의 기운이 전국으로 뻗어 나갔다고 본 것이다.

산의 능선을 타고 온 기운은 사람이 사는 곳에 생기를 불어넣는다.

풍수에서는 이런 능선을 내룡來龍이라고 불러.

그런 이유로 집 뒤에 산이 있어야
생기를 전해 줄 수 있다.

하지만 생기는
바람을 만나면 흩어지고

물을 만나면
멈춘다고 한다.

그래서 산으로 바람을 막아 주고
집 앞에 물이 있어야
땅의 기운이 달아나지
못하게 한다는 것이다.

여기
있어~.

오오, 진지한 표정으로
지세를 살펴보고 있다니
과연 내 아들이다.

아버지!

뭐시라!

대박집?

뭐 전 대박집이
꼭 명당 때문이라고
생각하진 않지만

혹시나 해서 한번
살펴본 것뿐이에요.

네 엄마 짬뽕집은
내가 명당을 찾아
집을 지었기 때문에
대박집이
된 거야.

후후..

하지만 엄마
음식 솜씨가 좋아서
성공한 거
아닌가요?

그렇다면
이건 어떠냐?

맛집이라고
가 봤더니
음식 맛이
그저 그런 곳.

글쎄요~.
다른 요소들이
있겠죠.

청결하다거나,
서비스가 좋거나
분위기가…

복잡하게
설명이 필요한 건
정답이 아니야.

네 엄마의
짬뽕집이
왜 명당인지

설명해 주마.

이것이 명당의
입지를 설명해 주는
풍수지리의
기본 모델이다.

태조산

중조산

소조산

백호   청룡

혈   득수

명당

안산

여기서 '혈'이라고
하는 곳이
사람이 살기
좋은 곳이지.

원시인들이 살았던
'혈거穴居식 토굴'을
말할 때 쓰는
'혈穴자'와 같은 거다.

풍수 이론에서 이상적으로 생각하는 공간 배치를 보면
혈터를 중심으로 네 방향에 있는 산들이
감싸고 있는 모양이라는 것을 알 수 있다.

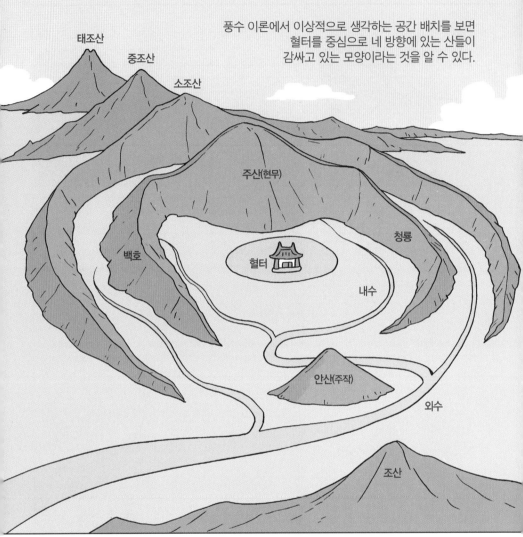

이 네 방향의 산들은
사신사(四神砂)라고 부르는데,
신화 속 상징적인
동물들의 이름을 따왔다.

우리 이름,
들어는 봤을걸?

좌청룡, 우백호라는
말도 여기에서 나왔지.

좌우 방향은 주산을
등진 상태를
기준으로 한다.

주산

우백호

좌청룡

안산

그리고
이 혈의 앞마당과
같은 장소를
명당이라고
부르지.

명당

옛날부터 사람들은
이런 구성을 갖춘 땅을
찾아 집을 지었다.

왜냐하면
정말로 살기
좋거든~.

규모가 작은
경우 묏자리로
쓰기도 했다.

무덤을 죽은
사람의 집이라고
봤기 때문이지.

규모가 클수록
마을이나 읍성이
들어섰는데
대표적인 곳이

한양이다!

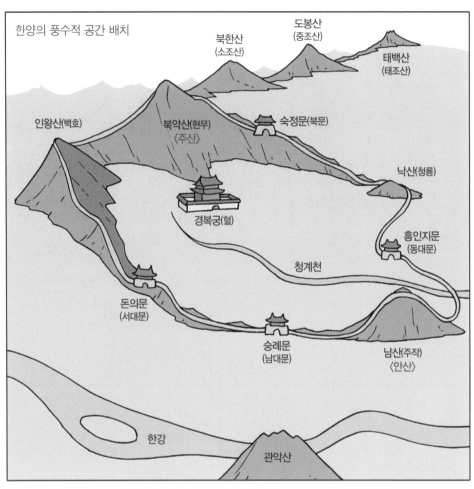

한양의 풍수적 공간 배치

현무, 주작, 백호, 청룡이 네 방향에서 감싸듯 둘러싸고 있고

주산인 북악산 줄기 끝의 혈자리에는 경복궁이 있지?

비슷하긴 한데 완벽하진 않네요.

완벽한 명당은 존재하지 않아.

풍수 이론에서 말하는 이상적 조건을 얼마나 충족하는지를 찾는 거지.

일단 청룡에 해당하는 낙산이 너무 작아요.

서울 사람들은 그런 산이 있는지도 모를걸요.

그래, 서울의 좌청룡에 해당하는 낙산은 다른 산에 비해 작아서 기운이 약한 게 흠이다.

네….

한양의 풍수는 참으로 우수하나 아쉬운 점이 하나 있어.

좌청룡이 너무 약해….

풍수엔 부족한 게 있을 때 그것을 보완해 주는 비보책神補策이 있잖습니까.

그렇지! 좌청룡에 산의 기운을 채워 주는 비보책이 필요하겠어.

'갈 지(之)' 자를
흘려 쓰면 모습이
산과 같지.

낙산 자락에 있는
흥인문에 '之'를
넣는 게 좋겠소.

그래서 동대문의 현판엔
다른 문과 다르게
네 글자가 쓰인 거란다.

그래서
청룡의 기운이
세졌나요?

뭐… '之'자가
없는 것보다야
낫겠지.

그래도 역시
청룡의 기운이
약하긴 약했나 봐.

청룡은 남자, 명예,
벼슬, 장자를
주관하는데

조선 왕조 500년간
첫째 아들이 왕이
된 적이 다섯 번밖에
없었다고 하니 영향이
없진 않았겠지.

사신사는 풍수적으로 해석하면 각각 상징하는 것들이 있어서

세상의 이치와 어떤 관계가 있는지 알 수 있다.

〈사신사의 풍수적 해석〉

현무: 主(주인), 지혜, 水, 智

주작: 客(손님), 재물, 火, 禮

청룡: 男(남자), 관직, 金, 仁, 문관, 장남

백호: 女(여자), 재물, 木, 義, 무관, 차남

네 엄마의 식당은 주산의 기운을 받고 있으니 헐터임이 틀림없고

마주보고 있는 안산이 좋아서 손님이 많고 재물이 쌓이는 것이다.

그럼 우리 가게뿐만 아니라 옆집도 같은 기운을 받아야 하잖아요.

천만에!

내가 주산과 물길의 방위까지 측정해서 정한 자리다!

가게가 있는 곳이 혈터야.

하하하하~!

내 덕에 대박집이 된 거라고~!

에휴, 그렇게 생각하세요. 저는 엄마 음식 솜씨 덕분이라고 믿을 테니….

나를 의심하는 거야?

그렇다면 내가 직접 요리를 해서 손님을 받아 보마. 어때?

예?

아버지가 무슨 요리를….

라면도 잘 못 끓이시잖아요.

3박 4일 마카오 여행 티켓이오. 친구들과 다녀오시오.

사람이 어찌 일만 하고 사나! 휴가 좀 다녀오시구려.

어머, 당신에게 이런 면이….

아버지는 엄마를 해외여행 보내고 직접 식당을 운영했다.

조리법대로만 하세요~.

조리법은 무슨….

대충 빨간색만 내면 돼.

옛소!

우엑, 맛이 왜이래?

소문하고 다르잖아! 엄청 불친절하고….

두 번 다시 오나 봐라!

허허허허!

당연한 일이지만
가게가 제대로
될 리 없었다.

봉짬빵

어허, 명당이
기운을 다했나.

왜 손님이
끊어지지?

아버지!
명당 문제가
아니잖아요!!

이렇게 하는데
누가 와요!

오늘이
네 엄마가
오는 날이군.

백두대간
풍수 탐사를
다녀올 테니
뒤를 부탁한다!

아버지~!

흑다닥

자리가
아무리 좋으면
뭐 해요….

손님이
또 찾아오고 싶게
노력을 해야죠.

오늘은 작정하고 일찍 왔으니

꼭 먹어 보고 말겠어.

고 모 네

기다린 보람이 있네요.

이렇게 사람이 많으니 맛도 대단하겠죠?

우리 차례야. 들어가자고!

모든 대박집엔 이유가 있다.

테이블이 두 개였어?

김치찌개 6,

다음 사람 생각해서 빨리 먹어.

이게 바로
진정한
사신사구나~.

공양왕을 폐위시키고 왕위 된 이성계는 처음에는 고려의 왕으로 시작했다.

고려 왕이긴 한데 뭔가 좀….

일단 성씨부터 다르잖아….

동북면에서 온 시골뜨기가 왕이라니 원….

거참, 까칠하게들 구네!

언제까지 그럴 건데?

왜 인정을 못 해!

아니 뭐… 그냥 그렇다는 거죠….

난 인정 못 해….

고려는 가망이 없습니다.

제가 도와드릴 테니 새로 나라를 만드십시오.

오! 나의 참모 삼봉 정도전!

새 술은 새 부대에….

좋아! 분위기를 쇄신하는 차원에서 새로 나라를 만들고 천도(遷都)도 하는 거다!

탁월한 선택입니다!

당연히 신하들의 반대가 심했다.

500년 도읍지를 어찌 버리려 하십니까?

우리 기반이 전부 개경에 있는데….

그러니까 바꾸려는 거지!

어디 보자…. 새 수도는 어디가 좋을까나….

노스트라다무스도 울고 간다는 신비한 예언서인 『도참설(圖讖說)』에 따르면…

송도에선 왕씨, 다음은 한양의 이씨라는 말이 있습니다.

무학 대사

한양!

138

한양은 사실 고려 때부터 주목받는 도시였다.

우리 땅엔 4경이 있지.

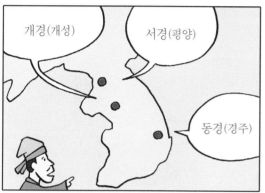

개경(개성)

서경(평양)

동경(경주)

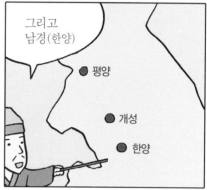

그리고 남경(한양)

● 평양

● 개성

● 한양

도선 국사가 고려의 도읍을 정하기 위해 개경의 지세를 살필 때

개경은 1000년의 도읍이 될 듯하구나.

날씨가 흐려 멀리 삼각산을 보지 못했다고 한다.

훗날 삼각산의 기세가 개경을 훔쳐 가려는 형상을 한 것을 알고

늦었구나…. 고려 왕조는 500년으로 끝나고

한양에 새로운 왕조가 세워질 것이로다….

…라는 이야기가 전해지던 땅이다.

한양은 남경이라고 해서 어느 정도 도로도 잘 정비돼 있는 곳이 아닌가?

과거에도 몇 차례 수도로 세우려고 했던 후보지였습죠.

흠….

그런데 한양을 수도로 결정하기 전에 계룡산이 수도가 될 뻔했다.

풍수와 도참에 밝은 권중화가 계룡산 천도 프로젝트를 제안 드리러 왔습니다.

계룡산! 참신한 발상이로다!

계룡산은 원래부터 신성한 산이잖아.

계룡산 신도안으로 천도 추진!

신도안

공사 시작!

삐-

아니, 왜 그리 서두르십니까? 리서치 좀 해 보고 하시죠.

개경을 벗어나는 게 급선무니까!

140

그러나 계룡산 천도는 경기도 관찰사 하륜의 상소에 의해 중단되었다.

계룡산은 너무 남쪽으로 치우쳐 있고 강도 협소합니다.

또, 물길의 방향이 좋지 않은 결함이 있습니다.

풍수적으로 한 나라의 수도가 되기엔 적합하지 않습니다.

제가 신도안의 혈처穴處에서 물의 방향을 패철佩鐵로 측정해 봤는데

흉하다고 나왔습니다.

패철의 남과 북 자오를 맞춘 뒤

패철의 24방위 중 어느 곳이 수구水口를 가리키는지 측정했습니다.

패철은 15도마다 길흉을 나타내는데, 신도안의 물길은 흉한 방향입니다.

그렇다면 어쩌란 말이냐?

새 수도는 한양이어야 하고 무악이 도성이 되어야 합니다.

무악?

하륜은 도성의 후보지로
지금의 신촌 지역을 꼽았다.

음…

구관이
명관이라는데
그냥 개경에
새 궁궐을
지으시죠?

좁네, 좁아.

맞아, 맞아~.

개경~.

어이구,
골치야….

또다시 천도에 관한 이견들로
조정은 시끄러워졌는데

개경!

한양!

무악!

터가 무슨
문제겠습니까.

다스리는
사람이 잘 하면
되는 겁니다.

정도전

삼봉~♡

그렇지? 내가 처음부터
마음에 들었던 한양으로 정하고
정치를 잘 하면 되는 거야~.

142

정도전의 주장으로 이성계는
한양 천도 추진에 힘을 얻었다.

풍수적으로도
한양은 이상적이지?

좌청룡 우백호 주작朱雀 현무玄武가
완벽하게 자리하고 있고
명당수인 청계천도 합류한 뒤
반대 방향으로 흐르는
이상적인 배치입니다.

한양이 좋은 자리라는
의견에는 반대가
별로 없었고

천도를 하기 위한
공사는 일사천리로
이루어졌다.

뭐 개경보다는 못하지만,
한양 정도면
좋은 터입니다.

일단 살아 봐!
개경보다 훨씬 낫다고!
방어하기도 좋지,
운송도 용이하지….

엄동설한의 49일 동안 18km에 이르는 한양의 성곽이 완성되었고

서울의 관문인 4대문과 궁궐도 곧이어 완공되었다.

이런 이름으로 지었습니다.

숙정문

창덕궁

돈의문

경복궁

흥인지문

숭례문

대전은?

충청남도에 있는 대전요?

내가 업무를 보는 대전 말이야!

부지런하게 일을 하시라고 '근면할 근'자를 써서 근정전이라 지었습니다.

殿政勤

쩝, 열심히 안 하면 안 될 집무실이군….

144

조선 개국 초기에 정도전의 역할은 컸다.

조선은 내가 다 설계했지.

유학자인 정도전과 함께 이성계를 도와 조선을 건국한 인물 중에 승려인 무학 대사가 있었다.

무학 대사의 이야기는 야사로 많이 전하는데

제 눈엔 스님이 돼지로 보입니다.

스님 눈에는 제가 뭘로 보이십니까?

제 눈에 전하는 부처로 보입니다.

아니, 스님! 제가 놀렸는데도 어찌 저를 부처로 보인다 말씀하십니까?

개 눈엔 똥만 보인다고, 돼지 눈엔 돼지가 보이고 부처 눈엔 부처가 보이는 법입니다.

......

하하핫! 역시 대사님은 저의 정신적 지주 같으신 분입니다!

한양으로 도읍은 정했으나 궁궐의 위치는 아직 정하지 못했습니다.

어디가 좋겠습니까?

소승이 한번 살펴보고 오겠습니다.

그래서 무학 대사는 한양을 돌며 적당한 터를 찾으러 나섰다.

여기가 좋아 보이는데….

어허! 이놈의 소! 미련하기가 꼭 무학이 같구나!

노인장, 지금 소더러 미련하기가 무학이 같다고 하셨소?

그렇소. 요즘 무학이가 새 도읍지에 지을 궁터를 찾아다니는 모양인데

좋은 곳 놔두고 전부 엉뚱한 곳만 고르고 있으니 어찌 미련하지 않겠소.

146

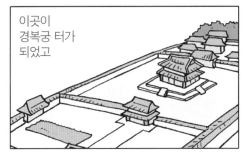

그러나 조선 초기에
수도 한양의 분위기는
평온하지 못했다.

사병을 이끌고 일어난
이방원에 의해
세자인 방석을 비롯해
개국 공신인 정도전까지
살해당했다.

형제 간에
골육상쟁이 벌어진
이 한양 땅에선
지내기 싫구나….

개경으로
가련다.

정종에 의해 잠시
개경으로 수도를
옮기기도 했으나

곧 태종 이방원이
왕위에 오르면서 한양이
조선의 수도로 확정되었다.

조선의 궁궐에
당도한 것을
환영하오~!

내가 피 터지게 싸워
권력을 차지한
곳인데

한양을
버릴 수 없지!

이방원을 도와 공을 세운 하륜은 또 다시 무악 천도론을 들고나왔다.

전하~.

아무리 곱씹어 봐도 무악에 도성을 세워야 하옵니다.

무악에 땅이라도 사 놨나….

허구한 날 무악이래.

다시 수도를 정하자는 천도론이 불거졌고

수도의 후보지는 개경, 무악, 한양이 되었다.

세 군데 중에 하나를 정해야 하는 선택의 기로에서 태종은 기발한 방법을 들고나왔다.

동전의 앞은 길!

뒤는 흉이라 정하겠다.

동전을 세 번 던져서 길이 많이 나온 후보지를 수도로 결정하겠노라.

옛?

황당….

만약 점을 쳐서 결과가 나왔는데도 딴소리하는 자는

종묘사직을 능멸하는 것으로 간주해서 요절을 낼 터이니 그리 알아라!

....

시작!

탁

점의 결과는

한양	◎ □ ◎	길2 흉1
무악	◎ □ □	길1 흉2
개경	□ ◎ □	길1 흉2

이렇게 1404년(태종 4년)에 이르러서야 천도론은 막을 내리게 되었다.

한양

이후 한양은 500년 넘게 조선의 수도로 자리 잡았고

서울로 이름이 바뀐 오늘날까지 대한민국의 정치, 경제, 문화의 중심지로 성장하고 있다.

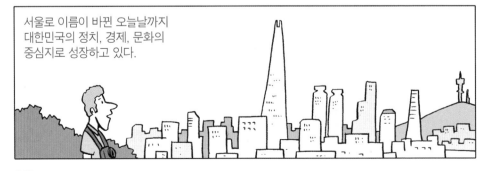

풍수는 언제부터
시작되었지?

중국의 경우 기원전 5~4세기에
도참 사상 같은 구체적인 이론이 나타났고,
한나라 때 음양론陰陽論이 도입되면서
풍수지리가 정착한 것으로 본다.

우리나라의 경우
『삼국유사』의 기록을 통해
추측할 수 있다.

석탈해가 토함산에
올라 살 집을
찾아 본 설화,

선덕 여왕 때 여근곡의
산세를 보고 매복한 백제
군사를 발견한 것으로 미뤄

풍수지리와 비슷한
생각들을 하고 있었던
것으로 보인다.

풍수….

그 후, 풍수 이론서인
『청오경靑烏經』이 신라
원성왕 때 수입되고

신라 말기, 도선에 의해 당나라의
풍수 사상을 받아들이면서
본격적으로 풍수 사상이
자리 잡게 되었다고 본다.

최창조 선생은 사찰이나 왕궁, 무덤과 같은
삼국 시대의 유적을 답사하면서 고구려,
백제, 가야의 경우에 중국에서 유입된
풍수적 입지 관념을 충실히 지키고 있다는
심증을 가질 수 있었다고 한다.

고구려, 백제, 가야는
중국 풍수의 영향을
받았는데….

신라는 조금 다르단 말이야…

대륙으로부터 각종 문화의 유입 속도가 늦었던 신라가 우리만의 고유한 풍수를 유지하고 있었다면 그 결과를 유적에서 찾아 볼 수 있을 것이다.

최창조 선생은 신라의 고분과 감은사지 사찰 터가 우리 고유 풍수의 원형을 볼 수 있는 귀한 유적이라고 말한다.

왜구가 들어오기 쉬운 지형인 대금천 하구에 문무왕의 수중 무덤을 만들어 신라를 수호하는 의지를 담고,

강 하구에 지어진 감은사 주변에 있는 두 개의 3층 석탑은 침입하는 왜구를 향해 입을 벌리고 위협하는 용의 송곳니를 형상화한 것으로 볼 수 있다.

용이 되어 신라를 지키려는 믿음이구나.

이런 신라 특유의 비보책에서 신라인의 마음을 엿볼 수 있지 않을까?

풍수 Q&A ⑥

청계천의 역사는?

풍수지리서
『금낭경錦囊經』에서
풍수지법은
득수위상,
장풍차지라 하여

장풍보다 득수를
중요하게 여겼다.

궁궐과 도성에는
풍수, 경관, 방재의
목적으로 못을 팠다.

끊임없는 논쟁으로
개발과 복원을
되풀이한 곳으로
청계천을 들 수 있다.

청계천은
한양의 명당수라
그냥 둬야 한다는
보존파와

생활 하천으로
이용해야 한다고
주장하는 개발파가
대립했다.

세종 26년, 집현전 수찬
이선로가 청계천의 물을
깨끗이 하자고 주장했다.

집현전 교리 어효첨은
한양 주민의 생활 하수를
어떻게 처리할 것이냐며
대립했다.

세종은 백성의
불편을 고려해
하수구로 결정했다.

청계천이 오늘날의 모습이 된 것은 영조 때였다.

1760년, 1773년 두 번의 개천 정비 사업을 진행해서 개천의 폭을 넓히고 양쪽에 돌을 쌓아 직선으로 만들었다.

인구 증가에 따른 하수량을 감당하기 위함이었다.

오랜 세월 방치되던 청계천은 시민들이 모여서 판잣집을 짓고 살기도 했다.

1958년엔 도로 확장을 위해 복개 공사가 시작됐고 1971년에는 고가 도로가 완공됐다.

그리고 2005년, 복개된 지 47년 만에 청계천은 복원되었다.

청계천은 지금 서울 시민들의 휴식 공간이 되어 많은 사람들이 찾는 명소가 되었다.

개발과 보존이라는 풀기 어려운 난제로 몸살을 앓았지만 오늘도 변함없이 수도 서울의 한가운데를 흐르고 있다.

풍수 Q&A ⑦

터는 3대를 거슬러 보고 고르라는데?

어느 시대나 왕의 고민거리 중 하나는 왕권을 유지하고 강화하는 것이었다.

왕이 된 후 형제나 사촌은 경계 대상 1호였다.

따라서 경계 대상이 살 집은 터가 좋을 리 없었다. 제왕의 기운이 있는 곳이면 절대 금해야 했다.

오히려 독녀혈獨女穴이라 알려진 곳에 집을 짓고 살게 했다.

그곳은 과부가 되거나 이혼을 하게 되는 땅이다.

3대를 거슬러 봐서 그 터에 살던 사람의 운이 나쁜 곳이면 경계 대상의 주거지로 합격이다.

이것은 반대로 생각하면 좋은 집터를 찾을 수 있는 방법도 된다.

땅의 기운을 알려면 그 터에 살던 주민들의 길흉을 알아보면 된다는 것이다.

일반인이 터를 잡을 때 쉽게 참고할 수 있는 방법이다.

66 명당은 찾아내야 할
대상이 아니라
만들어 가야 할 대상이다. 99

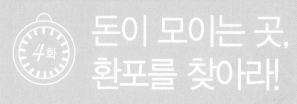

돈이 모이는 곳,
환포를 찾아라!

배를 타고 바다를 건너
서라벌에 도착한 석탈해는

제일 먼저 토함산에 올라
월성을 바라보고
살 만한 곳을 찾았다.

저기 반달 모양의
땅이 살기 좋아
보인다.

그런데 그 자리엔
'호공'이라는 사람이
살고 있었다.

석탈해는 몰래
호공의 집 마당에
숫돌과 숯을
파묻어 두고 왔다.

다음 날 석탈해는
호공을 찾아갔다.

이 터는
우리 조상 때부터
살던 곳인데 왜 함부로
남의 땅에 집을 짓고
사는 겁니까?

무슨 소리요?
여긴 내 집이요!

호공은 관아에 가서
억지 주장을 하는
석탈해를 처벌해
달라고 했다.

저자가 거짓말로
내 집을 자기 집이라
주장하고 있습니다!

호공의 집이
왜 당신 집이라
주장하는가?

만약 거짓이라면
처벌을 면치
못할 것이다!

우리 집은 대대로
그 자리에서
대장장이를
하고 있었으니

어딘가에 그 증거가
남아 있을 것입니다.

가서 조사해 보면
금방 알 수
있을 겁니다.

호공의 집에서 땅을 파자
석탈해의 말처럼 마당에서
숫돌과 숯이 나왔다.

아니!
정말이잖아!

아앗!

하하하!
거봐요.
내 말이
맞다니까~!

꾀를 써서
호공의 집을
빼앗은 석탈해는

석탈해 집

좋은 집터의
기운을
받아서일까.

사람은 살고
있는 환경이
중요하잖아~.

그 뒤 승승장구해서
신라 제4대 왕에
오르기까지 했다.

양택 풍수를
설명하는
유명한 설화이다.

三國遺事
一然

160

조선 시대의 유명한 인문지리지인 이중환의 『택리지擇里志』에는

마을 입지에 필수적인 조건이 나와 있는데

살기 좋은 마을이라 함은…

첫째는 지리요,

둘째는 생리生利요,

셋째는 인심,

넷째는 산수다.

이 가운데 하나라도 빠지면 좋은 곳이 아니야.

살기 좋은
마을이라 함은
이래야 하지.

1. 물줄기가 나가는 수구는
꼭 닫힌 듯하고 그 안에 들이 있어야
재산이 흩어지지 않고
후손에 이어진다.

주산에서 흘러나온 물길은
백호와 청룡이 마을 앞에서
맞닿는 모습이 좋아.

주산

청룡

백호

마치 옷자락을
저며 주는
듯하지.

이런 터를
풍수에서는
산하금대(山河襟帶),
수구관쇄(水口關鎖)
라고 해.

물길은 완곡하게
구불구불 흐르다 마을
앞에서 반대 방향으로
합류하는 게 좋다.

그래야
홍수가 나도
명당 안 땅에
피해가 없지.

근데 이런 땅은
산중에서는
찾을 수 있지만
너른 들에서는
좀처럼 찾기
쉽지 않다네.

2. 들판은 해와 달과 별이 항상 환히 비치고 바람과 비가 고르며 기후가 알맞고 넓은 데라야 좋다.

이런 땅이 훌륭한 인물을 배출하지.

수구관쇄를 추구하다 보면 명당 터가 좁아 답답한 느낌을 줄 수 있거든.

수구 다음으로 중요하게 여기는 게 너른 터야.

3. 산 모양은 깨끗하고 아름답고 산맥에서 끊어지지 않고 잘 이어져 와야 좋다.

주변 지맥地脈이 감싸듯 돌며 분지를 만들면 마치 궁 안에 들어와 있는 듯 편안한 느낌을 주지.

나약한 산맥이나 무너진 산은 당연히 좋지 않게 본다.

산과 산맥은 땅에 생기를 주는 역할을 하는데

이는 인재를 배출한다는 믿음으로 연결된다.

4. 흙은 굳고 단단한 모래흙이 좋으며 이런 곳의 물이라야 달고 차다.

마실 물의 중요성은 말 안 해도 알겠지?

5. 물은 재화를 의미하기 때문에 큰물이 있는 곳이라야 사람들이 모여 살게 된다.

큰 강가에는 늘 마을이 있잖아.

이런 터라면 마을이 들어서기 좋고 살기 좋을 거야.

이중환이 마을 규모의 입지 조건에 관심을 가졌다면

집이라는 거주 공간에 대해 관심을 가진 사람은 홍만선이었다.

스위트 홈이란 무엇인가….

조선 시대에 만들어진 지리지인 홍만선의 『산림경제』에는

山林經濟
洪萬選

집터나 집짓는 일부터 일상생활에 이르기까지 여러 가지 풍수에 관련된 일이 설명되어 있다.

집터는 동쪽이 높고 서쪽이 낮은 데가 제일 좋고

동고서저!

그 반대이면 부자는 못 되나 부귀를 누리며

앞이 높고 뒤가 낮으면 집안이 망하고

대문 앞에 산이….

뒤가 높고 앞이 낮으면 집짐승이 늘어난다.

사면이 높고 가운데가 낮으면 비록 부자일지라도 점점 가난해지므로 평평한 터가 가장 좋다.

답답해.

집터가 남북이 길고 동서가 좁으면 처음은 나쁘나 뒤에 잘된다.

집의 동쪽에서 흐르는 물이 강과 바다로 들어가면 좋고

동쪽에 큰길이 있으면 영화를 누린다.

사람의 주거지는 땅이 윤기가 있고 기름지며 밝은 곳이 좋고

건조하며 윤택하지 않은 곳은 나쁘다.

탑이나 무덤 터, 절이나 사당 터, 신사나 사단(社壇), 대장간이나 군영 터, 그리고 전쟁터는 살 곳이 못 되고

큰 성문 입구와 감옥 문을 마주보는 곳 역시 좋지 않으며

네거리의 입구,

산등성이가 곧바로 흘러내린 곳,

흐르는 물과 맞닿은 곳,

여러 물이 모여서 나가는 곳,

초목이 자라지 않는 곳은 나쁘다.

옛길(오래돼서 쓰지 않는 길),

영단(성황당), 신사 앞, 불당 뒤, 논자리, 불을 땠던 곳은 모두 불길하다.

집 문 앞에 두 개의 연못이 있으면 좋지 않다. 서편에 있는 못을 범이라 이르며 문 앞에 있는 못은 모두 꺼리는 것이다.

집이란 건 크기에 관계없이 살기 편해야 마음에 안정을 주는 것이 아니겠소.

아니,
아버지!

득수야!

부장님!

득수 씨.

두 분이 왜
같은 공간에서
함께 계시는 거죠?

하하하하!
그게 왜 문제가
되는 거냐?

무슨
학부모 면담도
아니고….

제가 풍수 쪽으로
일하게 하려고
회사에서 저를 자르라고
말씀하시러 온 거죠?

꽉

그게 무슨
소리야?

착각도
작작 해야지,
그 정도면
과대망상이구나.

득수 씨, 내가
나중에 전원주택을
하나 짓는 게
일생의 꿈인데

아버님이 풍수 쪽으로
해박하시니까
조언을 좀 받으려고
한 거야.

또 풍수…!

!

풍수가
어때서!

파
악

아야~!

아버지
승!

네가 미신이라고 보는
풍수가 외국에서는
큰 관심을 받는
학문이야.

나도
기사에서
본 것 같아.

독일이나 미국에서도
풍수 서적이 수백 종이
나오고 있대.

Wohnen mit
Geistern!

風水

그, 그거야
동양 철학에 대해
관심이 있는
거죠~.

그리고 서양의 풍수는
사무실이나 주택의
공간 배치, 조경이
주된 내용이잖아요.

사람이 살아가기 위해 좋은 곳을 찾고 좋게 만들고자 하는 건 당연한 거지.

동양 풍수건 서양 풍수건 뭐가 다르다고 그래?

어차피 기본은 풍수야.

근데 전원주택을 지으시겠다고요?

불리하니까 말을 돌리는구나.

내가 지방에 봐둔 땅이 있는데

득수 씨 아버님을 한 번 모시고 가서 보여 드리고 싶다는 말을 하고 있었어.

잘됐네요!

이번 주말에 단합 대회도 할 겸 MT 장소는 그쪽으로 정하죠!

불쑥

하여간 뭔가 놀 거리가 생기면 어디서든 나타난다니까~.

어떤가요?

배산임수, 동고서저를
만족시키는
자리를 찾으려고
발품 좀 팔았습니다.

제가 보기에
이 정도면 좋아
보이는데요.

경치가 탁 트이고
강도 있어요.

흠….

부장님, 그런데
말입니다….

부장님도 풍수에
관심이 있어 보여서
한번 여쭤 보겠습니다.

지금 이 지세를 보면 한 가지 아쉬운 게 있는데 그게 뭔지 맞춰 보시겠어요?

산

부장이 고른 땅

강

마을

글쎄요?

득수 너도 한번 생각해 봐라.

아! 물길이구나!

물길?

저 작은 하천을 말하는 건가?

마을 앞에 적당한 하천이 흐르고 있으니까 좋은 거 아닌가요?

띵~

풍수에서 물길은 재물을 의미합니다.

그렇죠.

좋은 물길은 환포(環抱)한다고 하죠.

환포요?

물길이 마을을 감싸고 도는 모습을 갖춰야 좋은 형세라고 하죠.

그 반대면 재물 복이 없는 형세고요.

한번 이 그림을 보시죠.

여러분이 잘 아시는 강입니다.

한강 같은데요?

이 강물은 구불구불 흐릅니다.

점으로 표시된 지역이 어딘지 아시겠어요?

동부 이촌동!

서교동!

여의도!

강남!

1960년대부터 2000년대까지 한강 주변에 돈이 몰렸던 지역이에요.

전부 어디 위치하고 있나요?

이렇게 둥글게 강물이 감싸 흐르는 곳이죠.

강물이 흐르며 감싸 도는 곳은 돈이 모이는 곳입니다.

이걸 환포라고 하며

그 반대인 곳은 상대적으로 돈이 적게 몰리죠.

그런데 이 자리도 환포에 해당하지 않는다고는 말을 못 하겠는데요?

환포의 자락에 있긴 하지.

그런데 물길은 돈의 흐름이라고 했죠?

그렇다면
이쪽은 물길의
어느 쪽일까요?

어느 쪽이라는 건
무슨 말인가요?

물이 흐르는
방향을 보세요.

그건 바로
물길이
나가는 곳이란
겁니다.

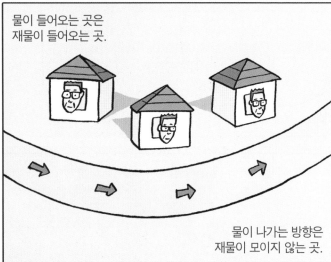

물이 들어오는 곳은
재물이 들어오는 곳.

물이 나가는 방향은
재물이 모이지 않는 곳.

환포라도
그런 차이가
있습니다.

아…

강변도로에서
아파트를 보다 보면
강의 상류 쪽을 향해
지어진 아파트들이
많아요.

이쪽을
봐!

이게 다 우연일까요?

그렇군요….

물만 본다면 이 자리보다는 저 옆이 더 좋아 보이네요.

그런데… 그 자리는 주인이 땅을 팔지 않아서….

에이, 그럼 뭐 끝이네요!

그냥 이 자리에 하세요!

…

전 이런 숲길이 너무 좋아요.

뭐 하세요?

네잎
클로버예요.

어머! 어떻게
찾았어요?

이상하게 제 눈엔
네잎 클로버가
잘 띄던데요.

그럴 리가….

나도
찾아봐야지.

찾았…

아,
세잎이네….

여기 또
네잎!

또 네잎!

헉!
대박~!

득수 씨는
명당이 뭐라고
생각해요?

명당요?

글쎄요….

이 자리가
명당 같은데요?

네?

내가 있는 곳이
편하게
느껴진다면

거기가 명당이
아닐까요?

저도 이상하게
편한 느낌이
들어요.

거기서 둘이
뭐 하는 거지?

아니,
거기 둘!

갑자기
안 보인다 했더니,
둘이 다정하게
뭐 하는….

아니! 네잎
클로버까지!

오, 오해예요!

잠시 걷다가 여기
앉아서 쉬고 있던
것뿐이에요.

킁킁! 뭔가
냄새가 나~.

아니,
이곳은…!

명당이다…!

그래요?
여긴 땅값도 싸서
별로인 줄 알았는데….

숨어 있는
명당이네요.

주변이 아주
좋습니다.

넌 어떻게
이런 자리를
찾은 거냐?

역시 내 아들이다!
하하하하~!

그만 좀
하세요!

수지 씨~!
어떻게
된 거야?

사내 연애는
안 돼~!

그만 좀
하세요!

중국의 주택에 관한 풍수 서적인
『황제택경黃帝宅經』을 보면

묏자리와 집터 중
어느 것이 중요한가에
대해 나와 있다.

묏자리가 흉하고
집터가 좋으면
자손은 벼슬길이 좋다.

묏자리가 좋고
집터가 나쁘면
자손이 먹을 것과
입을 것이 모자란다.

배고파.

묏자리와 집터가
모두 좋으면 자손이
영화를 누린다.

묏자리와 집터가
모두 나쁘면
자손이 타향살이하고
손이 끊긴다.

내가
이겼네?

집터가
더 중요하다는
말이군…

집이나 구하고
얘기해.

사람은 집을 의존해 생존하며 집은 사람이 있음으로 해서 존재한다.

인간과 집은 서로 상조하는데 천지간에 감응하여 통한다.

『황제택경』은 집터와 태어난 사람 사이의 관계에 대해서도 설명했다.

무슨 상관?

사람들은 유명 인사들의 생가를 방문한다.

저기가 대통령 당선자의 집이래!

뭐가 달라?

글쎄….

기를 좀 받아 볼까.

종갓집의 경우 기에 대한 믿음이 강했다.

특히 기가 몰려 있는 곳에 안채를 지어서 종부宗婦가 거처하게 했다.

대를 이어 기를 받아야지.

왜냐하면 우리 동양에서는 땅의 기운을 중요하게 생각하거든.

집터에서 나오는 기는 사람에게 영향을 준다고.

184

동서양을 막론하고 좋은 집터가
그 집에서 사는 사람에게
좋은 영향을 줄 것이라는
생각은 일치한다.

너는 왜 그렇게
생각해?

네 생각은
어때?

집터에 있는
땅기운이 사람에게
영향을 미치기
때문이지.

기

좋은 환경에서
자란 사람이
바르고 건강하게
자랄 수 있어.

우리가 잘 아는
서양 소설에도
땅의 중요성이
나타나 있다.

Great
Stone
Face

N. Hawthorn

미국의 한 시골 마을에는
옛날부터 전하는
예언이 있었다.

언젠가 이 마을의
아이 중 하나가
위대하고 고귀한
인물이 될 거야.

그 아이의 모습은
어른이 되면 마을 멀리
보이는 큰 바위 얼굴과
꼭 닮을 거래.

아….

그 전설이
이루어지면
얼마나 좋을까?

저런 온화한 얼굴을
한 사람은 정말
훌륭한 인물일 거야.

어니스트라는
가난한 집안의 소년은
교육도 받지 못했지만

큰 바위 얼굴을 스승으로 삼아
평생 성실하고 검소하게 살았다.

정치인, 부자들이 찾아와서
자기가 예언의 인물이라
주장했지만 그들은
큰 바위 얼굴이
아니었다.

어니스트는 어려움에 처한
사람들을 돕는 일에
여생을 보냈다.

어느 날 어니스트는
훌륭한 시인을
만나게 되었는데

그래!
이 사람이
큰 바위
얼굴이야!

예언이 실현되었군요!

제가요? 허허허.

큰 바위 얼굴을 한번 보고 싶군요.

따라오시죠.

큰 바위 얼굴을 본 시인은 자신과 닮지 않았다고 했다.

전혀….

그런가요.

아! 당신이야말로 큰 바위 얼굴이군요.

어? 정말 똑같이 생겼네.

왜 몰랐지?

예언은 마침내 실현됐다.

그래, 어니스트만큼 좋은 사람은 없어.

사람들이 그토록 기다리던 위인은

백발이 된 어니스트였던 것이다.

풍수 전문가 김두규 교수는

이 소설을
풍수적인 관점으로
해석했다.

집터가
좋았어요.

소설에 묘사된
그 마을의 환경이
집터로 참 좋은
곳입니다.

높은 산들에 에워싸여
수천 명의 마을 사람들이
살아갈 만큼 넓은 분지,

장풍국의 명당에
해당하는 자리죠.

장풍국藏風局이란
산으로 둘러싸인
지형을 말한다.

도연명*이 생각한
무릉도원과 같은
자연환경이에요.

소년의 집과
큰 바위 얼굴은
적당한 거리에 있는데,
좌향론의 중요함을
말해 주고 있어요.

노인이 될 때까지
살았던 오두막도
길지에 있었는데

이것은 풍수에서
말하는 혈이죠.

혈

* **도연명**(365~427) 중국 동진의 시인.

멀리 보이는
큰 바위 얼굴은
풍수지리에서
어떤 역할을 할까요?

사砂의 역할을
하고 있습니다.

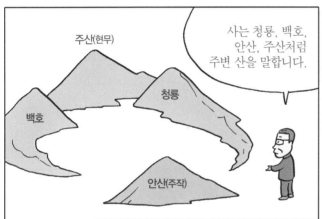

주산(현무)

백호

청룡

안산(주작)

사는 청룡, 백호,
안산, 주산처럼
주변 산을 말합니다.

풍수에서는 주변의 사가
어떤 모양이냐에 따라
그에 상응하는 후손이
나타난다고 합니다.

큰 바위 얼굴도
보통 비범한 모습은
아니겠죠?

조선 시대 지리학
고시 과목이었던
명산론名山論을 보면
주변 산들의 모습이
인격 형성에 어떤
영향을 주는지
나와 있습니다.

산이 비옥하면
사람이 살이 찌고

산이 척박하면
사람이 굶주리고

산이 맑으면
사람이 깨끗하고

산이 부서지면
사람들에게
불행이 생기고

산이 멈추어
기가 모이면
사람들이 모이고

산이 직진하면
기가 모이지 않아
사람들이 떠나고

산이 크면
사람이 용감하고

산이 작으면
사람이 작고

산이 밝으면
사람이 지혜롭고

산이 어두우면
사람이 미련하며

산이 부드러우면
효자가 나오고
산이 등을 돌리고 있으면
사기꾼이 나온다.

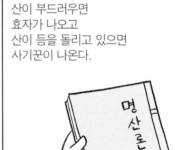

장엄한 모습의
큰 바위 얼굴을
매일 보고 자란
어니스트는

자연과의 대화를
끊임없이 했다고
볼 수 있죠.

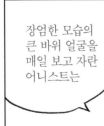

풍수지리의
핵심인
동기감응을
한 것입니다.

예로부터 좋은 집터가
좋은 영향을 줄 수
있다는 믿음으로

사람들은
명당을 찾아
집을 짓기도 하고

비싼 값을 주고
집을 구입하기도
해 왔다.

우리 종갓집은
대대로 학자를
배출했지.

명당으로 알려진 집을
어렵게 구입한 뒤
딸이 영부인이
된 사례도 있다.

내 딸 영수를
잘 부탁하네.

따님과
결혼하고
싶습니다.

생가 풍수라는
말이 있다.

풍수에 있어 그 사람에게
좋은 기운을 줄 수 있는
조건으로 생가를
으뜸으로 꼽는다.

둘째가
음택.

셋째가
양택이지.

생가가
뭐야?

태어난 곳을
말하는 건가?

생가란
한 인간의 생명이
시작된 곳이다.

부인, 명당 터에
집을 구했으니
이제부터 힘을 모아
자손을 생산해
봅시다.

저도
최선을
다해….

생명이 잉태된
순간부터

어머니의
배 속에 있을 때
자라고

어린 시절을
보냈던 터.

이 집에서 엄마가
나를 가졌고 내가
태어나고 자랐어.

나의
생가지!

그곳에서 자라면서
환경의 영향을 받아
성장하는 것이 가장
좋다는 조상들의
생각이다.

그러나 오늘날 예전과 같은 기준으로 좋은 집터를 찾기란 쉽지 않다.

수십 세대가 한 건물에 있는데, 집터가 의미가 있나.

25

명당 터에 지은 아파트라도

잘 되는 집도 있고 안 되는 집도 있는데….

저 집은 땅의 기운을 받기나 해?

60층

최창조 선생이 자주 듣는 질문은

전문가시니 명당에 살고 계시겠네요?

지금은 아파트에 살고 있습니다.

어떻게 고르셨습니까?

숨겨진 명당?

뭘 어떻게 골라요.

갖고 있는 돈에 맞춰 이사한 거죠.

그 금액으로 가능한 집은

여기, 여기, 그리고 이 집도 있네요.

그중에 마음에 드는 집을 골라 가족들과 상의해서 계약한 겁니다.

뭐라 설명할 수는 없지만 이 집은 별로 내키지 않아요.

아들

그럼 그 집은 포기하는 거죠.

다른 집을 고르면 되니까요. 하하하!

가족들이 모두 안락함을 느끼고

가진 돈에 알맞고

교통도 편한 곳

기타 남들이 다 생각하는 그런 곳을 선택했다는 것이다.

명당? 찾기도 힘들뿐더러 찾는다 한들 돈이 있어야 내 집으로 만들지.

194

좋은 땅은
좋은 삶이
이루어지는
땅이다.

그러나 최창조 선생은
좋은 땅이란 말은
적절하지 않다고 말한다.

이 땅은
나쁜 땅인가?

흠….

이곳에 뭔가를
지어야겠어.

제정신이야?
아무짝에도 쓸모없는
사막 한가운데
뭘 지어?

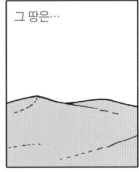

그 땅은…

이렇게 됐다.

이 땅도
나쁜 땅인가?

여기에서 소금이
엄청 나와~.

이렇게
외진 땅에서
뭘 해!

이걸 지으니
장사가
잘되네~.

러브 호텔

그는
좋은 땅이란

그 땅이 어떤 사람의
어떤 용도에 맞느냐,
맞지 않느냐의
문제일 뿐이라고 한다.

용도에 맞는 땅을
고른 사람에게는
좋은 땅이 될 것이기
때문이다.

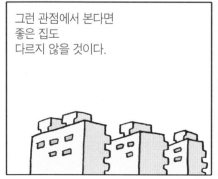

그런 관점에서 본다면
좋은 집도
다르지 않을 것이다.

가족들과 안락하게
지낼 수 있는 집으로
가꿔 가는 것이

현대에서
찾을 수 있는
좋은 집이란
거죠.

요즘 아파트들은 풍수지리가 필수라는데?

아파트를 분양하는 건설 회사들이 친환경과 웰빙을 강조하면서 풍수지리까지 마케팅에 활용하고 있다.

아파트는 지상에서 떨어져 있기 때문에 지기와의 감응이 사실상 어렵지만

지기가 왕성한 곳이 업계 사이에서는 좋은 명당으로 꼽히고 있다고 한다.

때문에 최근 아파트 문화에 풍수지리 개념 도입이 증가하는 추세라는 것이다.

인터넷을 검색해 봐도 내가 사는 곳이 풍수지리에 좋은 아파트인지 문의하는 글이 넘친다.

그러다 보니 아파트 풍수 전문가들도 등장하고 있다. 아파트에 풍수를 접목시킨 한 전문가의 주장에 따르면

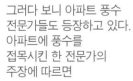

땅의 기운을 잘 받기 위해서는 5층 이하의 저층이 좋고, 그중에서도 1층이 제일 좋다.

1층 중에서도 숲에 접하며
통풍이 잘 되는 건물
양 끝에 위치한 자리가
최고의 명당이라는
것이다.

일반적인
로열층과는
다른 것이다.

로열층

가족 수에 비해
지나치게 넓은 면적은
좋지 않다.

비어 있는 방이
있으면 기운이
허해질 수 있기
때문이다.

경관이 뛰어나 인기 있는
한강 주변 아파트는 좋지 않다.
강이 양기를 빼앗기 때문이다.

오늘날 떠올릴 수 있는 대표적인
주거 공간이 아파트임은 말할 것도
없다. 옛날 사람들이라면
상상도 못할 모습이다.

그럼에도 내가 사는 집이
명당이기를 바라는 풍수 염원은
과거나 현재나 다르지 않다.

때문에 현대의 풍수는
새로운 형태의 거주 공간에도
적용 가능한 실용적인 모습으로
변모하고 있다.

나쁜 땅에 맞는 건물은?

풍수에서 나무가 자라기 어렵고 바위로 골이 진 산은 '화기가 강한 산'이라고 하는데, 실제로도 인간의 삶에 별 도움을 주지 않는다.

풍수 전문가들은 이런 산을 보고 치마가 빨랫줄에 걸린 채 흔들리는 모습과 같다고 해서 흔군사掀裙沙, 혹은 현군사懸裙沙라고 하며 좋게 보지 않는다.

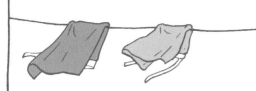

이러한 곳에 집을 짓거나 무덤을 쓰면 사람이 음탕해지거나 재물을 잃게 된다는 것인데, 그렇다면 이러한 땅은 버려야 하는 것인가?

풍수 전문가 김두규 교수는 이런 땅도 쓸모가 있다고 한다.

지기를 살피고 거기에 알맞게 용도를 정한다면 쓸모 있는 땅이 될 수도 있다는 것이다.

흔군사, 현군사와 같이 음란한 기운이 흐르는 땅에는 러브호텔과 유흥업소 부지로 활용할 수 있다.

여기서 한 발 더 나아간다면 문제 있는 땅을 고쳐 쓰는 것이 비보 풍수가 되는 것이다.

2권에서는 더욱 재미있는 에피소드와 체계적인 풍수 이론 이야기가 계속됩니다.

명당은 마음 속에
있는 것 아니겠소.